Klaus Assmann

LOMI LOMI NUI

Die Tempelmassage aus Hawaii

KLAUS ASSMANN

LOMI LOMI NUI

DIE TEMPELMASSAGE AUS HAWAII

AURUM VERLAG · BRAUNSCHWEIG

Titelillustration: Nikola Neubauer
Typografie und Layout: Eckard F. Schönke
Zeichnungen: Martin Tiefenthaler

Die Deutsche Bibliothek – CIP-Einheitsaufnahme

Assmann, Klaus:
LOMI LOMI NUI :
die Tempelmassage aus Hawaii / Klaus Assmann
Braunschweig : Aurum, 1999
ISBN 3-591-08412-3

1999
ISBN 3-591-08412-3

Satz: Utesch GmbH, Hamburg
Gesamtherstellung: Westermann Druck Zwickau GmbH

INHALT

VORWORT

Dieses Buch beschreibt eine Form der Massage, die in Hawaii entstanden ist und dort ursprünglich von den weisen Kahnunas im Tempel praktiziert wurde. Hinter der LOMI LOMI NUI-Massage steht die Huna-Philosophie, die in ausgesprochen glücklicher Weise und mit unkomplizierter Klarheit Körper, Geist und Seele verbindet. Diese Art des Denkens ist unserer westlichen Welt ebenso fremd wie die daraus erwachsene Zusammenführung von Theorie und Praxis, menschlicher Gemeinschaft und Kultur.

Was damit gemeint ist, erfahren wir, wenn wir dieses Buch lesen; denn auch in der Anwendung der LOMI LOMI NUI-Massage gibt es keine Trennung zwischen Denken und Handeln, Theorie und Praxis. Vielmehr vereinigt sich das, was wir in unserer westlichen Welt gern in derartige Begriffe fassen, in der Idee von der absichtslosen, heilenden Liebe, dem Aloha. Nach der Huna-Philosophie handelt man bereits in dem Moment, in dem man einen Gedanken denkt. Gedanken und Vorstellungen oder Imaginationen sind eine Form von Macht, die man über Dinge und Menschen hat. Und diese Macht ist immer vor dem Hintergrund des Aloha einzusetzen.

Wir haben die erstaunliche Wirkung der LOMI LOMI NUI-Massage am eigenen Leib erfahren und auch an anderen gesehen, wie Heilungsprozesse nach Anwendung von LOMI LOMI NUI deutlich schneller und umfassender abliefen. Es wurde deutlich, daß dies eine Methode ist, mit der das Selbst des Patienten angeregt wird, sein Gleichgewicht und seine Gesundheit aus eigener Kraft wiederzuerlangen.

Der Verfasser ist ein ausgezeichneter und engagierter Kenner des Huna, der Huna-Praxis und der Tempelmassage LOMI LOMI NUI. Er hat die schwierige Aufgabe, darzustellen, was im Grunde nur erlebt und erfahren werden kann, gut gemeistert.

Wir wünschen diesem Buch viele Leser, die sich von dem, was hier geschildert wird, angesprochen und angezogen fühlen.

Renate und Karl-Heinz Nebe

Wir bitten um Verständnis dafür, daß wir aus Gründen der besseren Lesbarkeit stets nur die männliche Form von „Masseur“ und „Klient“ gewählt haben. Natürlich werden LOMI LOMI NUI-Massagen sowohl von Männern als auch von Frauen gegeben und entgegengenommen.

Autor und Lektorin

EINLEITUNG

In unserer modernen, hektischen Welt, in der die wirkliche Liebe zwischen den Menschen vielfach zu kurz kommt, wird die Massage als Zeichen der Zuwendung und Anerkennung dringender denn je benötigt. Der Begriff „Massage“ wird hier im weitesten Sinne verwendet – auch im Sinne von einfacher, liebevoller Berührung Eine Mutter streichelt ihr Kind, berührt seine Haut und gibt ihm auf diese Weise spürbare Liebe. Bis zu welchem Lebensjahr? Ein frisch verliebtes Paar streichelt sich gegenseitig. Bis zu welchem Jahr des Zusammenseins?

Es gerät mehr und mehr in Vergessenheit, daß eine liebevolle Berührung ein wichtiges Zeichen von Zuneigung ist. Die Menschen werden geradezu ungeschickt im Berühren. Sie sind ängstlich und verunsichert, weil körperliche Berührung vielfach mit Sexualität gleichgesetzt wird. In Wirklichkeit ist Berührung an sich völlig frei von jeder Absicht. Sie ist vielmehr ein Ausdruck bedingungsloser Liebe in ihrer reinsten Form.

Ein weiteres, sehr weit verbreitetes Problem ist, daß viele moderne Menschen ihren Körper nicht wirklich anerkennen und wertschätzen.

Der menschliche Körper ist ein Geschenk Gottes. Solange wir hier auf der Erde leben, ist unser Körper der Tempel unserer Seele. Er bildet die Brücke zwischen der irdischen Schöpfung, die wir mit unseren fünf Sinnen wahrnehmen können, und der göttlichen Schöpfung im Universum. Eine wichtige Voraussetzung, um über diese Brücke gehen zu können, ist, daß wir liebevoll mit unserem Körper umgehen, indem wir gut für ihn sorgen und ihn achten. Nur in einem gesunden und entspannten Körper können sich Geist und Seele richtig entwickeln. Nur in einen gesunden Körper können Leichtigkeit und Frohsinn einkehren. Ein kranker Körper hingegen ist eine Bürde, die man wie Ballast mit sich herumträgt.

Leider gibt es heutzutage kaum noch einen Menschen, der nicht unter Ängsten, Anspannung und Streß leidet. Streß ist an sich nichts Negatives, sondern ein durchaus natürlicher Antriebsmechanismus, der uns in Bewegung hält und zu Taten veranlaßt. Wenn Streß regelmäßig abgebaut wird und ihm die notwendige Entspannung folgt, ist alles in Ordnung. Zum Problem wird der Streß erst, wenn es sich um einen Dauerzustand handelt und die anschließende Entspannungsphase zu kurz ist oder ganz ausbleibt. Das hat konkrete körperliche Folgen. Die Muskeln stehen ständig unter Belastung und bleiben auch dann angespannt, wenn der Körper eigentlich ruhen könnte. Chronische Muskelverspannungen können eine ganze Reihe von körperlichen und psychosomatischen Beschwerden nach sich ziehen: Kreislaufstörungen, Kopf- und Rückenschmerzen, Schlaflosigkeit, Depressionen, Angstneurosen und viele mehr.

Die drei Grundbedürfnisse Berührung, Wertschätzung des eigenen Körpers und Abbau von Spannungen werden mit einer LOMI LOMI NUI-Massage optimal befriedigt. Während der Massage zählt nur der gegenwärtige Moment. Der Klient kann sich schon nach ganz kurzer Zeit vollkommen in die Gegenwart fallenlassen und seinen Körper ganz bewußt wahrnehmen. Ängste, Verspannungen und Schmerzen werden aufgelöst und machen einem zunehmenden Wohlgefühl Platz. Einziges Ziel dieser liebevollen Massage ist es, den Menschen zu regenerieren, zu revitalisieren und wieder in Harmonie mit sich und seiner Umgebung zu bringen.

1 WAS IST LOMI LOMI NUI?

Schon im alten Hawaii spielte Körperarbeit eine sehr wichtige Rolle. Sie schloß nicht nur einige der uns noch heute bekannten Massagearten ein, sondern auch zahlreiche spirituelle Aspekte. Viele Elemente dieser alten Körperarbeit – die Hawaiianer nennen sie KINO MANA – sind bis heute erhalten geblieben. KINO MANA bedeutet umfassende Körperkraft, auch in spiritueller Hinsicht.

Daher verwundert es nicht, daß die LOMI LOMI NUI-Massage ursprünglich von den Kahunas im Tempel praktiziert wurde. „Kahuna" ist die Bezeichnung für einen Meister seines Faches. In diesem Fall ist er ein Meister der Massage und nennt sich KAHUNA LAPA'AU.

Die LOMI LOMI NUI-Massage stand in Verbindung mit einem geheiligten Tanz, der um einen Steinaltar herum getanzt wurde, und trug daher auch den Namen Tempeltanz-Massage. Bei der ganzen Zeremonie spielte die die Umgebung eine wichtige Rolle. LOMI LOMI NUI war auch ein Übergangsritual. Es diente der Reinigung und war gleichzeitig ein Fest, das einen wichtigen Neuanfang im Leben eines Menschen vorbereiten sollte. So war es Tradition, pubertierende Jugendliche in den Tempel zu bringen. Hier wurden sie stundenlang, manchmal tagelang von den Kahunas massiert, um die Spannungen aufzulösen, die in diesem Alter besonders häufig auftreten. Auch Menschen, die eine besondere Aufgabe innerhalb der Gemeinschaft übernehmen sollten, wurden massiert, um ihren Körper und ihren Geist mit Energie aufzuladen. Begleitet wurde diese Massage von mehrstimmigen Heilgesängen.

Vor wenigen Jahren haben sich einige Kahunas entschlossen, ihr jahrtausendealtes Wissen einer breiteren Öffentlichkeit zugänglich zu machen. Sie lehrten die LOMI LOMI NUI-Massage zunächst in den USA, von wo aus sie dann weiterverbreitet wurde.

Die Kahunas der Massage sind weise, erfahrene Männer und Frauen, die nicht etwa „die eine und einzig wahre" Massagetechnik anwenden, sondern sehr unterschiedlich nach alten Familientraditionen arbeiten. Sie bedienen sich verschiedener Hilfsmittel wie Kräuter, Dampfbäder und Öle, sprechen Gebete und verbinden sich mental mit ihren Ahnen und den Elementen der Natur. So unterschiedlich die Massagen auch durchgeführt werden, dies ist allen gemeinsam: Freude an der Arbeit, liebende Anerkennung der zu behandelnden Person, eine tiefe Beziehung zu allem Lebendigen und eine feste Verbindung zur ganzen Schöpfung. Der Masseur sieht das ganze Universum als Einheit und sich selbst als Teil davon. Er ist daher in der Lage, sich mit den universellen Kräften zu verbinden und damit zu arbeiten. Ähnlich wie die östlichen Philosophen haben die Hawaiianer die Vorstellung, daß das Universum in seiner Gesamtheit von Energie durchströmt wird und man diese Energie, Mana genannt, für sich nutzen kann. Die Hawaiianer sehen – wie andere Urvölker auch – Materie grundsätzlich als eine Verbindung zum Leben an.

LOMI ist der hawaiianische Ausdruck für Massage. Er bedeutet „drücken, kneten, reiben" sowie „arbeiten am Innen und Außen", aber auch „mit den samtenen Pfoten einer zufriedenen Katze berühren". Dieses Bild beschreibt die Wirkung dessen, was sich über Jahrtausende entwikkelt und erhalten hat, wohl am besten. Kennen Sie das genüßliche „Babytreten" unserer Hauskatzen, die sich schmusend mit sinnlich geschlossenen Augen an die behagliche Geborgenheit des mütterlichen Katzenbauches erinnern? Dann wissen Sie sicherlich auch, daß allein der

Anblick dieses Katzenrituals das Gefühl totalen Wohlbehagens vermittelt. Und dies trifft genau den Kern einer LOMI LOMI NUI-Massage.

Wenn in der hawaiianischen Sprache ein Wort verdoppelt wird, zum Beispiel LOMI LOMI, erhöht sich seine Bedeutung um ein Vielfaches. Das doppelte LOMI unterstreicht daher die Intensität und Qualität der Massage. NUI bedeutet „wichtig, einzigartig, groß". LOMI LOMI NUI bezeichnet also eine Massage, die einzigartiges Wohlbehagen vermittelt, sowohl innen als auch außen.

Die LOMI LOMI NUI-Massage basiert auf einer natürlichen Behandlung des menschlichen Organismus. Sie ist Ausdruck der hawaiianischen Naturverbundenheit und beinhaltet viele Elemente, die aus der Natur abgeleitet sind und derer sich die weisen Kahunas immer bedient haben und noch bedienen. Die Ausbildung zum LOMI LOMI NUI-Masseur schließt daher stets die Arbeit mit und in der freien Natur ein: das Erleben und Erspüren der Elemente Wasser, Erde, Luft und Feuer, auch bei Nacht, das Wahrnehmen der Bäume, Sträucher, Blumen und Mineralien, das Leben mit der Tierwelt und mit den Menschen.

Die Erkenntnis „Gott schläft im Mineral, träumt in der Pflanze, lebt im Tier und verwirklicht sich im Menschen" kann auf Hawaii in vollem Umfang nachempfunden werden. Die Hawaiianer sind stolz, auf ihren Inseln leben zu können. Auch Naturkatastrophen wie Überschwemmungen und Hurricans können sie nicht schrecken. „Dies ist der Preis, den man für ein Leben im Paradies bezahlen muß", sagen sie und sehen jede Zerstörung durch Naturgewalten als Aufforderung zum Neubeginn.

Ein Hawaiianer legt großen Wert darauf, daß er frei von belastenden Energien ist, denn dann befindet er sich im Zustand der inneren Ruhe und Harmonie, der es ihm möglich macht, seine eigenen Energien ungehindert fließen zu lassen und eine natürliche Lebensfreude auszustrahlen. Hula-Tanz, Gesang, Massage und Ho'Oponopono helfen ihm dabei. Letzteres kann mit „Korrigieren" übersetzt werden und ist eine mentale Reinigung durch Meditation, in der es um die Klärung von Beziehungen jeder Art geht. Gegenstände, Denkmuster, Gefühle, Konflikte, Tiere und Menschen können in diesen Prozeß einbezogen werden. Tanz, Gesang, Massage und Ho'Oponopono spielen auch bei LOMI LOMI NUI eine wichtige Rolle.

LOMI LOMI NUI ist eine ganzheitliche Massage im wahrsten Sinne des Wortes. Sie hat nicht nur zum Ziel, verspannte Muskeln zu lockern, sondern spricht den ganzen Menschen an, indem sie die Verspannungen oder Blockaden in seinem Innersten auflöst und die Psyche des Klienten auf natürliche und sanfte Weise mitbehandelt. Eine LOMI LOMI NUI-Behandlung ist ein Fest für die Sinne. Das innere Schauen auf einen langgehegten Wunsch, das Hören einschmeichelnder Klänge, das Gefühl für die tropische Wärme und die immer wiederkehrende großflächige Berührung bestimmter Körperpartien – all das trägt dazu bei, daß der Klient sich schon nach ganz kurzer Zeit völlig der Massage hingibt. In diesem gelösten Zustand kehrt so etwas wie eine urtümliche Wahrnehmung zurück, die für viele bereits jenseits dessen liegt, was sie sich vorstellen können. Unsere Vorstellung davon, was sein kann und was nicht, verbaut uns nicht selten den Weg zum Glück – und diese Barrieren gilt es zu überwinden.

Körper und Geist bilden eine unzertrennliche Einheit. Auch auf Hawaii gilt das Sprichwort „Wie innen, so außen". Eine wesentliche Aufgabe der LOMI LOMI NUI-Massage besteht also darin, den Klienten wieder mit der Weisheit seines eigenen Körpers in Verbindung zu bringen und ihm ein neues Bewußtsein dieses Körpers zu vermitteln. Es genügt nicht, um die heilende Wirkung einer Mas-

sage zu wissen. Der Körper als Abbild Gottes muß Gelegenheit bekommen, an dieser Erkenntnis teilzuhaben. Eine Wende zum Guten ist nur möglich, wenn sie auf allen Ebenen stattfindet.

Das gleiche gilt für die Bewältigung von Problemen. Im Gespräch vor Beginn der Massage wird das Problem des Klienten benannt, und Möglichkeiten zu seiner Beseitigung werden eröffnet. Dann wird ein Zielgedanke oder Wunsch formuliert, den der Klient während der Massage als Fokus im Kopf behält. Während der Massage werden Körper und Geist als Einheit angesprochen und der Körper bekommt die Möglichkeit, aktiv an der Lösung des Problems mitzuarbeiten.

Selbst wenn der Klient nicht unmittelbar aktiv ist, wirkt die psychische und physische Kraft des Masseurs in seinem Unterbewußtsein. Wieviel mehr bringt die Massage, wenn diese körperliche und geistige Arbeit vom Klienten unterstützt wird! Deutlich zu machen, wie dies geschehen kann, ist eine wichtige Aufgabe des Masseurs im Vorgespräch.

Eine LOMI LOMI NUI-Massage dauert heutzutage ungefähr zwei Stunden. In dieser Zeit werden immer tiefere Schichten des Körpers von Streß, Ängsten und Verkrampfungen befreit. Es gibt über hundert verschiedene Massagegriffe, die der Masseur ganz individuell und intuitiv einsetzt. Statistiker haben ermittelt, daß ein LOMI LOMI NUI-Masseur während einer Behandlung etwa 250 000 verschiedene Bewegungen mit seinem Körper vollführt. Bezogen auf die Geschwindigkeit der Bewegungen und des Geistes arbeitet er in einem Bereich von ungefähr 100 000 verschiedenen Frequenzen. Diese Werte sind abhängig von den unterschiedlichen Intensitäten, vom Massagedruck und von den geistigen Ebenen. Dabei können sich Körper und Geist mit völlig unterschiedlicher Geschwindigkeit bewegen.

Während der LOMI LOMI NUI-Massage ist es erlaubt und sogar erwünscht, daß der Klient seinen Verstand völlig ausschaltet. Er kann die Möglichkeit nutzen, einmal richtig angenommen zu werden, alles Belastende loszulassen und sich neuen Gefühlen hinzugeben. Durch die Massage wird er in seinen natürlichen Zustand zurückversetzt. Neugier, freudige Erregung, erwartungsvolle Spannung und Lust am Leben, Eigenschaften, die in jedem Menschen schlummern, werden durch eine LOMI LOMI NUI-Massage neu geweckt.

Die meisten Klienten sehnen sich danach, aus den sie einengenden Begrenzungen auszubrechen. Sie möchten ihren Gefühlen und Gedanken völlig freien Lauf lassen können. Aufgabe des Masseurs ist es, sich in die Psyche seiner Klienten einzufühlen und sie zu unterstützen. Er muß ein feines Gespür dafür entwickeln, ob ein emotionales „Loslassen" gefördert werden kann oder einer weiteren Behandlung vorbehalten bleibt. Am Ende einer – oftmals wiederholten – Massage wird der Klient Selbstvertrauen statt Selbstanklage, Akzeptanz statt Ablehnung, Klarheit statt Finsternis und Herzlichkeit statt Härte empfinden.

LOMI LOMI NUI bewirkt, daß der Klient sich selbst annehmen kann und das schließlich auch tut. Dieser Prozeß führt zur Selbsterkenntnis und darüber hinaus zu einer Selbstheilung von belastenden Gedankenmustern und Gewohnheiten. Der Masseur kann diesen Vorgang am besten dadurch unterstützen, daß er dem Klienten mit Liebe begegnet. Er muß ihn so annehmen, wie er ist, und darf nicht versuchen, ihn zu ändern; denn eine Bewußtseinsänderung kann der Klient nur selbst bewirken. Das Vermitteln von Liebe über körperliche Berührung erzeugt Gegenliebe und bewirkt schließlich, daß der Empfänger dieser Liebe auch Liebe für sich selbst empfindet.

Der LOMI LOMI NUI-Masseur richtet seine Aufmerksamkeit sowohl über die Berührung als auch über seine

Vorstellungskraft auf den Klienten. Energie fließt dort, wo die Aufmerksamkeit liegt, und wo Energie fließt, tritt Heilung ein. Diese Heilenergie fließt beim Masseur und beim Klienten gleichermaßen. Nach hawaiianischer Auffassung sind Schmerzen Ausdruck von Energieblockaden, und Krankheiten sind die Folge dieser Blockaden. Um Energieblockaden zu beseitigen und Krankheiten auszuschließen, wurde früher so lange massiert, bis der Körper des Klienten wieder so geschmeidig und weich war wie der eines Babys.

Es ist überliefert, daß auf Hawaii niemand an Krankheiten gestorben ist. Wer älter als hundert Jahre und bereit war, in ein anderes Leben zu wechseln, ist einfach gegangen. Die andere Möglichkeit war, sein Leben im Krieg zu lassen.

Indem er seine Energie mit der des Klienten verbindet, findet der Masseur auch ohne große Worte Zugang zu dessen Gefühlen. Diese brauchen nicht bewußt identifiziert und zugeordnet zu werden, weil hier das Unterbewußtsein angesprochen und aktiviert wird.

Ein gestörtes Unterbewußtsein veranlaßt zu falschen Reaktionen im täglichen Leben. Während eine ausgeglichene, harmonische Grundhaltung ganz automatisch richtige Verhaltensweisen hervorbringt, erzeugt ein Ungleichgewicht ein Verhalten, das zu Streß, Angstzuständen und sogar zu Unfällen führen kann. Eine wichtige Aufgabe der LOMI LOMI NUI-Massage besteht darin, das innere Gleichgewicht des Klienten wieder herzustellen und zu festigen. Dies geschieht dadurch, daß der Masseur dem Klienten die Leichtigkeit des Gefühls, der Bewegungen und des aktiven Handelns vermittelt. Ein Körper, der frei von Ängsten, Verspannungen und Blockaden ist, reagiert unbewußt richtig und funktioniert harmonisch. Er kann neue Anregungen aufnehmen und seinen körperlichen und geistigen Spielraum erweitern.

Klienten, die sich mit ihren eigenen Begrenzungen konfrontiert sehen, seien sie nun körperlich oder geistig, machen in Unkenntnis ihrer eigenen Macht meist nicht einmal den Versuch, diese Grenzen zu überschreiten und schneiden sich so selbst von vielen schönen Empfindungen und außergewöhnlichen Erlebnissen ab. Ein Grundprinzip des Huna besagt, daß es keine Grenzen gibt. Die von uns erschaffenen, aber auch die natürlichen Begrenzungen fordern lediglich dazu auf, sie zu überschreiten und dabei neue Erkenntnisse zu gewinnen. In welchem Umfang Grenzen überschritten werden, hängt vom Willen und von der Durchsetzungskraft des Menschen ab. Im Extremfall kann das zum völligen Aufgeben alles bisher Bekannten und Althergebrachten führen.

Während einer LOMI LOMI NUI-Massage keimt in vielen Klienten der Wunsch, etwas an der eigenen Lebenssituation zu verändern. Und weil die Massage die Leichtigkeit und Lebensfreude wiedererweckt, die uns allen in die Wiege gelegt wurde, ist die Wahrscheinlichkeit groß, daß ein solcher Wunsch anschließend auch in die Tat umgesetzt wird.

Ebenso wichtig ist es, eine bestehende Lebensqualität zu erhalten und zu festigen. Die Massage führt den Klienten auf den Weg zu sich selbst. Sie ist ein heilendes Medium, das seelische Störungen ins Gleichgewicht bringt und die Freude am Leben zurückgibt.

Streß, Anspannung und seelischer Schmerz führen stets zu Verkrampfungen und Blockaden im Körper. Um diese schädlichen Einflüsse abzuwehren, baut der Körper an den betroffenen Stellen eine Schutzhülle auf, die sich bei Berührung hart anfühlt.

Wie können diese Verhärtungen abgebaut werden? Eine Möglichkeit ist das sofortige Abreagieren der Spannungen nach Eintritt des unliebsamen Ereignisses. Dies wird in den seltensten Fällen möglich sein. Oftmals hilft auch ein kurzzeitig verzögertes Abreagieren. Viele Menschen jedoch können sich – aus den unterschiedlichsten Gründen – nach störenden Einflüssen nicht abreagieren. Sie „fressen“ das Erlebte in sich hinein, speichern es an verschiedenen Stellen ihres Körpers und wissen nicht, wie sie all diese Verspannungen ohne fremde Hilfe wieder loswerden können.

Durch die LOMI LOMI NUI-Massage wird der menschliche Körper auf sanfte und gefühlvolle Weise dazu angeregt, die angesammelten Spannungen loszulassen und die körpereigenen Kräfte der Selbstregulierung zu mobilisieren. Immer wieder zeigt sich, daß eine liebevolle Berührung den Weg zu völliger Losgelöstheit und anschließend zu einem neuen Umgang mit den täglichen Problemen ebnet.

Während einer LOMI LOMI NUI-Massage, die in erster Linie der Streßbewältigung dient, stellt sich auch oft heraus, daß es Ansatzpunkte für die Behandlung weiterer Probleme gibt. Die so gewonnenen Erkenntnisse in die Massage einfließen zu lassen, ist eine verantwortungsvolle Aufgabe des LOMI LOMI NUI-Masseurs.

Zusammenfassend ist zu sagen, dass die LOMI LOMI NUI-Massage die Selbstheilungskräfte des Körpers weckt, denn sie sind es, die den eigentlichen Heilungsprozeß bewirken. Durch die Massage wird der Körper bereit und willig gemacht, diese Selbstheilung auch in Gang zu setzen. Die liebevolle und respektvolle Behandlung des Masseurs führt dazu, daß der Klient diesen Vorgang auch mental und emotional unterstützt.

Bei ernsthaften Erkrankungen muß natürlich ein Arzt aufgesucht werden, denn keinesfalls kann die LOMI LOMI NUI-Massage einen Arztbesuch ersetzen. Sie ist jedoch eine wirksame Unterstützung jeder anderen Therapie.

2 GRUNDLAGEN DER LOMI LOMI NUI-MASSAGE

Die Wirkung einer LOMI LOMI NUI-Massage ist von sehr vielen Faktoren abhängig. Ein ganz wesentlicher ist, daß der LOMI LOMI NUI-Masseur ein Meister seines Handwerks ist. Um dieses Ziel zu erreichen, muß er sich eingehend mit den nachfolgend beschriebenen Grundlagen vertraut machen, bevor er sie in der Praxis anwendet.

Ausbildung des Masseurs

Während seiner Ausbildung wird der LOMI LOMI NUI-Masseur zunächst umfassend in Theorie und Praxis der Massagen LOMI LOMI NUI und KAHI LOA eingewiesen. Vermittelt wird beispielsweise ein fundiertes Wissen über die körperliche und geistige Anatomie des Menschen. Das Erlernte wird dann unter Aufsicht praktisch angewendet und ständig weiter vertieft und verfeinert.

Ob jemand ein guter LOMI LOMI NUI-Masseur wird, ist aber nicht nur eine Frage des Sachverstandes, sondern in erster Linie eine Frage der Liebe. Die Arbeit eines LOMI LOMI NUI-Masseurs besteht zu zehn Prozent aus Technik und zu neunzig Prozent aus Liebe. Es ist natürlich möglich, sich die Technik dieser Massage anzueignen, aber, wenn es um das Erlernen der besonderen Feinheiten geht, hört man nie auf, ein Schüler zu sein. Die Entwicklung geht immer weiter und die Erfahrungen, die man als LOMI LOMI NUI-Masseur macht, werden immer bewußter und immer tiefer.

Selbstverständlich muß jeder LOMI LOMI NUI-Masseur die zahlreichen Griffe und Streichungen kennen und exakt anwenden können. Andererseits ist er während der Massage keineswegs an strenge Regeln gebunden. Was „richtig" ist, ergibt sich aus dem unmittelbaren körperlichen und gefühlsmäßigen Kontakt zwischen Masseur und Klient. Beide treten gleichzeitig in einen Lern- und Erfahrungsprozeß ein, der sich im Laufe der Behandlung zu einem Gleichklang der Gefühle, Gedanken und Ziele entwickelt. Während der Ausbildung wird dem angehenden Masseur klargemacht, daß der Mensch auf dem Massagetisch das Wichtigste ist. Er sendet aus, was er braucht! Darum muß der Masseur im göttlichen Bewußtsein arbeiten und über die Fähigkeit verfügen, ganz im Augenblick zu sein, um dem Klienten mit dienender Liebe zur Erlösung zu verhelfen.

Die hawaiianischen Meister des LOMI LOMI NUI lehren: Der Klient schreibt das Drehbuch, der Masseur folgt den Anweisungen. Er ist mit seiner Aufmerksamkeit ganz dicht am Klienten, um dessen Bedürfnisse wahrnehmen zu können. Die hohe spirituelle Energie des Universums, MANA LOA genannt, fließt durch den Masseur und über den Hautkontakt in den Körper des Klienten. Dieser nimmt die geistigen Kräfte dankbar auf und Verspannungen und tiefsitzende Blockaden schmelzen dahin.

Wollte man in einem Buch wie diesem versuchen, Anzahl und Art der Massagegriffe aufzählen, käme man schnell an seine Grenzen, ohne viel gewonnen zu haben, denn eine gründliche Ausbildung durch einen qualifizierten Lehrer ist auf jeden Fall unerläßlich. Darüber hinaus muß man einiges über hawaiianische Gebräuche und Sitten wissen, um die Massage erfolgreich durchführen zu können. Dem angehenden Masseur wird dringend empfohlen, sich vor Ort von der einmaligen Atmosphäre der hawaiianischen Inselwelt verzaubern zu lassen, damit er in der Lage ist, diese Eindrücke während der Massage auf den Klienten zu übertragen.

Eine wichtige Fähigkeit des LOMI LOMI NUI-Masseurs besteht darin, daß er genau beobachtet und seine Aufmerksamkeit ganz auf den Klienten konzentriert, um seine Reaktionen erkennen und behandeln zu können. Das setzt voraus, daß seine Sinne entsprechend geschult sind. Dies geschieht während der Ausbildung in der freien Natur.

Die Hawaiianer lieben und verstehen es, den Lehrstoff sehr anschaulich mit einfachen Bildern und Beispielen zu vermitteln. Eine Übung sei hier stellvertretend für andere zur Anschauung geschildert. Während der Ausbildung zum LOMI LOMI NUI-Masseur auf Hawaii mußte sich jeder Schüler einen Stock suchen, der für die Dauer der Ausbildung als seine Seele betrachtet wurde. Der Stock konnte jede beliebige Länge und Form haben und sollte überallhin mitgenommen werden: zu den Mahlzeiten, zum Wandern, zum Schlafen und auf die Toilette. Auf diese Weise hatte jeder angehende Masseur die Möglichkeit, seine Seele ganz bewußt wahrzunehmen und genau kennenzulernen, denn bei der Massage geht es darum, ein Bewußtsein auch für das Feinstoffliche zu entwickeln und sich in Dinge hineinzuspüren.

Die Bearbeitung des gefundenen Stockes hatte einen physischen Aspekt. Durch das Reinigen, das Abschleifen mit Sandpapier und das Einritzen von Mustern wurden Hände, Handgelenke und Arme beansprucht. Die Arbeit sorgte für eine Lockerung der Handgelenke, die bei der Massage eine so wichtige Rolle spielen. Und die Vorstellung der lockeren Handgelenke wirkte bei jedem nach, auch auf einer symbolischen Ebene. Durch das praktische Tun war unmißverständlich klar geworden, daß eine gute Massage weich und fließend sein muß. Ein Masseur, der mit steifen Gelenken arbeitet, ermüdet schnell. Außerdem erzielt er eine unbefriedigende Wirkung.

Mit den Stöcken wurden auch Tänze aufgeführt. Diese Tänze symbolisieren die hawaiianische Fröhlichkeit und Lebensfreude und dienen der Erweiterung des Selbst und der Öffnung für Neues. Beim Tanzen wurde ganz bewußt tief geatmet. Diese Atmung praktiziert ein LOMI LOMI NUI-Masseur auch während der gesamten Massage. Atem ist Leben und gibt dem Masseur die Energien zur Heilung.

„E HO'O MAU KAU KAU? Seid ihr bereit?" Diese traditionelle Frage der hawaiianischen Kahnunas zieht sich wie ein roter Faden durch die Ausbildung und anschließend durch die Praxis des LOMI LOMI NUI-Masseurs. Wenn er diese Frage am Ende der Ausbildung aus vollem Herzen bejahen kann, wird er diese wunderbare Massage mit viel Liebe und Zuwendung in seinem Umfeld praktizieren und vielen Menschen damit helfen.

Huna-Weisheit

Die Kahunas waren eng mit der Huna-Philosophie, dem Urwissen der hawaiianischen Schamanen, vertraut. Daher sollte auch jeder LOMI LOMI NUI-Masseur zumindest die Grundlagen der Huna-Weisheit kennen.

„Huna" ist ein polynesisches Wort und heißt übersetzt „Geheimnis, verborgenes Wissen". Gemeint sind damit unsichtbare, körperlich nicht faßbare Dinge zwischen Himmel und Erde. Die hawaiianische Sprache setzt sich aus nur zwölf Buchstaben zusammen: den fünf Vokalen und den Konsonanten H, K, L, M, N, P, W. Hinzu kommt das Apostroph, genannt OKINA. In diesen wenigen Zeichen ist die ganze alte Lehre enthalten.

Als der amerikanische Sprachforscher Max Freedom Long Anfang des 19. Jahrhunderts nach Hawaii kam, war er von der Huna-Lehre überaus fasziniert. Aufgrund der damaligen Gesetze kam er jedoch nie in intensiven Kontakt mit dem ursprünglichen Wissen. Er leitete es mit Hilfe der Semantik, der Silbenentschlüsselung, aus der Sprache ab. Max Freedom Long ist es zu verdanken, daß die Huna-Weisheit über die Grenzen des polynesischen Raumes hinaus bekannt wurde.

Huna ist eine Lebensphilosophie, keine Religion und auch keine Sekte. Sie steht unter dem Motto: „Immer helfen, nie verletzen" und sieht den Menschen als harmonische Dreiheit, bestehend aus dem Unteren Selbst, dem Mittleren Selbst und dem Hohen Selbst.

Das Untere Selbst ist das Unterbewußtsein. Es steuert den Körper in vielen Situationen automatisch, übt die Gedächtnisfunktion aus und ist verantwortlich für unsere Emotionen. Huna lehrt, daß das Untere Selbst angesprochen und beeinflußt werden kann. Wenn zum Beispiel eingefahrene Verhaltensmuster verändert werden sollen, muß das Untere Selbst einen entsprechenden Auftrag vom Mittleren Selbst bekommen.

Das Mittlere Selbst ist der Verstand und das Bewußtsein. Seine Aufgabe besteht darin, dem Unterbewußtsein die Richtung zu zeigen, um zu verhindern, daß es immer seinen Angewohnheiten und Erinnerungen entsprechend handelt. Das Bewußtsein ist in der Lage, zu kommunizieren und gedankliche Kreativität zu entwickeln. Das heißt, es kann sich Dinge vorstellen, die es gar nicht gibt, und neue Schlüsse aus alten Erfahrungen ziehen.

Das Hohe Selbst ist in und über dem Menschen und kann sowohl als innerer Gott als auch als Schutzengel oder göttliche Vorsehung bezeichnet werden. Es wird in einem Gebet oder Ritual angerufen und um Rat, Führung und Inspiration gebeten, wenn es beispielsweise um die Erfüllung eines persönlichen Wunsches geht oder darum, die eigene Lebenseinstellung zu ändern.

Nach der Philosophie des Huna gehören das Gute und das Schöne, das Schlechte und das Häßliche untrennbar zusammen. Alles hat ein Recht, sich auszudrücken, und jeder Teil kann sich durch eigenes Zutun zum Wohle des Menschen verändern und ihn vorwärts oder aufwärts bewegen.

Das Schlechte, das einem Menschen widerfährt, oder seine Angst können jedoch nicht einfach ausgelöscht werden. Wer etwas verdrängen möchte, muß viel Energie aufbringen, die ihm dann im täglichen Leben nicht mehr zur Verfügung steht. Besser ist es, den Ärger und die Angst genau in dem Moment auszuleben, in dem sie ausgelöst werden. Das baut die negativen Schwingungen ab und die Geschehnisse können ohne weitere Wertung vom Unteren Selbst abgespeichert werden. Danach stehen alle Energien wieder für das Leben im Hier und Jetzt zur Verfügung.

Ein Leben im Geiste des Huna führt zur Harmonie von Körper, Seele und Geist. Der Körper bleibt gesund und kraftvoll, und Ängste, Zweifel, Hemmungen und Hoffnungslosigkeit haben keine Chance, sich festzusetzen. Wer so lebt, hat eine positive Denkweise und strahlt diese in Liebe auf seine Umwelt aus. Jeder Mensch verfügt über die innere Kraft, Negatives zu überwinden. Er muß sie nur nutzen!

Aloha-Spirit

Das Wort „Aloha" ist mehr als ein liebevoller Willkommens- oder Abschiedsgruß. Es bedeutet auch „Liebe, Dank, Mitgefühl" und steht für eine Lebensform. ALO bedeutet „Erlebnisse miteinander teilen", OHA heißt „Freude und Zuneigung erleben" und HA steht für „Lebensenergie erfahren".

Der LOMI LOMI NUI-Masseur lebt mit jeder Faser seines Herzens in dem liebevollen und positiven Geist Hawaiis, dem Aloha-Spirit. Wer einmal auf Hawaii gewesen ist, wird erfahren haben, welches Glücksgefühl, welche harmonischen Schwingungen und wieviel freundliche Akzeptanz von diesen paradiesischen Inseln ausgehen. Der LOMI LOMI NUI-Masseur gibt diesen Geist an seine Klienten weiter. Und wenn er in dieser Energie schwingt, kommt er in Einklang mit jener göttlichen Kraft, welche die Hawaiianer MANA nennen. Im liebevollen Gebrauch dieser Kraft liegt das Geheimnis für Gesundheit, Glück, Wohlergehen und Erfolg. Auf diese Kraft stimmt sich der Masseur ein und läßt sie für sich arbeiten.

Dabei führt ihn sein Hohes Selbst zum Erfolg. Wir dürfen um alles bitten, die Kräfte des Hohen Selbst stehen unbegrenzt zur Verfügung. Wenn wir ein klares Ziel vor Augen haben und es mit starker Energie fokussieren, wird das Hohe Selbst reagieren. Wenn das Ziel gut ist, wird es erreicht werden. Wichtig ist, daß wir genau wissen, was wir wollen, und aus dem Weg räumen, was uns behindert. Die einzigen Begrenzungen sind die, die wir uns selbst auferlegen. Wenn unser Wille stark genug ist, können wir diese Grenzen erweitern oder ganz beseitigen. Wenn unser Ziel ein entspannter Körper ist, wird er sich entspannen, ohne daß wir dies erzwingen. Wir lassen einfach alles los, und die Energie kann wieder frei fließen.

Ein Leben in Glück, Harmonie und Gesundheit, im Aloha-Spirit, ist der natürliche Zustand des Menschen. In diesen natürlichen Zustand müssen wir alle wieder zurückkehren. Indem wir uns gegenseitig den Weg zeigen, machen wir uns ein großes Geschenk, das Angst, Schmerzen und Hemmungen vermindert. Aber selbst die besten Heiler können eine Heilung nicht erzwingen, denn Heilung kommt immer von innen. Niemand heilt einen anderen Menschen. Ein Heiler kann lediglich die Bedingungen schaffen, unter denen eine Selbstheilung des Körpers möglich wird.

Das Gleiche gilt für Gedanken und Vorstellungen. Niemand kann die Sichtweise eines anderen Menschen verändern, das kann nur der betreffende Mensch selbst tun. Der Masseur kann zwar Blickwinkel aufzeigen, aus denen man das Leben neu betrachten könnte, aber er kann den Klienten nicht zum Hinschauen zwingen. Das muß dieser schon selbst tun.

Wichtig ist, daß wir jede unserer positiven Eigenschaften und jeden angenehmen Zustand bewußt anerkennen, in Worten oder in Gedanken. Nur so können wir selbst zu einer positiven Einstellung gelangen, diese festigen und ausdehnen. Negative Einstellungen machen es schwer, Gutes hervorzubringen. Aloha!

Hawaiianische Grundprinzipien

Die Einfachheit der folgenden Aussagen spricht für sich. Der LOMI LOMI NUI-Masseur wendet diese Grundprinzipien in seinem eigenen Leben an und versucht, sie auch seinen Klienten nahezubringen.

Die sieben Grundprinzipien wurden von hawaiianischen Schamanen aufgestellt und von dem Kahuna Dr. Serge Kahili King an unsere westlichen Denkmuster angepaßt. Die Zahl Sieben bringt zum Ausdruck, daß sich die maskulinen und femininen Urkräfte im Gleichgewicht befinden. Den Prinzipien sind Stichwörter, Krafttiere und Farben zugeordnet, welche die Kraft der Aussagen unterstützen und sie besser im Gedächtnis verankern.

Erstes Prinzip:

Die Welt ist das, wofür ich sie halte (IKE).

Jeder lebt in seiner Gedankenwelt und richtet sich das Leben entsprechend seiner Einstellung dazu selbst ein. Hier sei auf den positiven Aloha-Spirit verwiesen.

Stichwort: Bewußtsein
Krafttier: Delphin
Farbe: Weiß

Zweites Prinzip:
Es gibt keine Grenzen (KALA).

Alles ist möglich, wenn wir daran glauben. Zustände, in denen wir uns befinden, können verändert werden. Oft müssen wir uns selbst verändern, wenn wir ein Ziel erreichen wollen.
Stichwort: Freiheit
Krafttier: ein Vogel, der nach Gefühl gewählt wird
Farbe: Rot

Drittes Prinzip:
Energie folgt der Aufmerksamkeit (MAKIA).

Gedanken sind starke, feinstoffliche Energien. Wir lenken unsere Aufmerksamkeit auf das, was wir wollen. Heilung beruht auf diesem Prinzip. Der Masseur richtet seine Aufmerksamkeit auf einen bestimmten Körperteil des Klienten und läßt Energie dorthin fließen. Das Unterbewußtsein des Klienten erinnert sich daran, daß der Körper im Normalzustand gesund ist. Auf diese Weise beginnt der Körper, sich selbst zu heilen.
Stichwort: Konzentration
Krafttier: Katze
Farbe: Orange

Viertes Prinzip:
Jetzt ist der Augenblick der Macht (MANAWA).

Wir leben hier und jetzt bewußt und aufmerksam. Die Vergangenheit besteht aus Erinnerungen und Erfahrungen, die Zukunft ist ungewiß. Je mehr wir in der Vergangenheit oder Zukunft leben, desto weniger Energie haben wir für die Gegenwart, für das Hier und Jetzt. Damit legen

wir den Grundstein für Unpäßlichkeiten und Krankheiten. Visionen zu haben ist gut, aber wir müssen rasch wieder ins Heute zurückkehren.
Stichwort: Ausdauer
Krafttier: Stier oder Büffel
Farbe: Gelb

Fünftes Prinzip:
Lieben heißt, glücklich sein mit ... (ALOHA).

Liebe ist der größte Heiler. Der Masseur bezieht den Geist des Aloha stark in seine Behandlung mit ein. Wenn wir mit uns selbst zufrieden sind, haben wir eine positive Denkweise, dann wird uns auch in Zukunft alles gelingen. Wenn wir stark genug sind, berührt uns auch Kritik von außen nicht. Wenn wir dagegen anfangen, uns selbst zu kritisieren, werden wir schwach und anfällig. Wir werden zwar von dieser Welt beeinflußt, aber wir werden nicht von ihr gesteuert. Wenn wir im Geist des Aloha leben, in der Liebe, die unsere stärkste Kraft ist, kann uns nichts geschehen. Lieben heißt auch vergeben und verzeihen.
Stichwort: Liebe
Krafttier: Pferd
Farbe: Grün

Sechstes Prinzip:
Alle Macht kommt von innen (MANA).

Wir haben jederzeit die Wahl, uns für oder gegen etwas zu entscheiden. Es gibt immer eine Lösung, wenn wir sie finden wollen.
Stichwort: Vertrauen
Krafttier: Bär
Farbe: Blau

Siebtes Prinzip:
Wirksamkeit ist das Maß der Wahrheit (PONO).

Es gibt viele Möglichkeiten, etwas zu tun. Jeder eingeschlagene Weg ist richtig, wenn er förderlich ist und zum Ziel führt. Der Schamane heilt, indem er Träume erschafft und anderen damit hilft.
Stichwort: Flexibilität
Krafttier: Wolf
Farbe: Violett

Die Kraftzentren des Körpers

Der LOMI LOMI NUI-Masseur arbeitet unter anderem mit den Kraftzentren des Körpers, indem er die sogenannten Kraftpunkte stimuliert. In harmonisiertem Zustand schwingen diese Kraftzentren mit hoher Energie und senden positive Signale in Körper und Geist. Der Masseur führt seinen Atem, seine Gefühle sowie die freien Energien der Erde und des Kosmos über eines oder mehrere dieser Zentren. Er spürt nach, ob sie in Harmonie sind, und führt ihnen gegebenenfalls Energie zu.

Die hawaiianischen Kraftzentren decken sich teilweise mit den indischen Chakras, aber nicht zu hundert Prozent. Das hawaiianische System bezieht sich auf den Kopf, die Füße und die vier Eckpunkte des Rumpfes. Die wichtigsten Kraftpunkte liegen auf dem Scheitel (oberster Punkt des Kopfes), den Schultern, den Hüften, den Handflächen und den Fußsohlen.

Auf der Rückseite des Körpers kommen die Punkte an der Nackenbasis zwischen den Schultern und am Ende der Wirbelsäule zwischen den Hüften hinzu. Auf der Vorderseite des Körpers liegen zusätzliche Kraftpunkte auf der Stirn, in der Mitte der Brust, am Bauchnabel und im Schambereich.

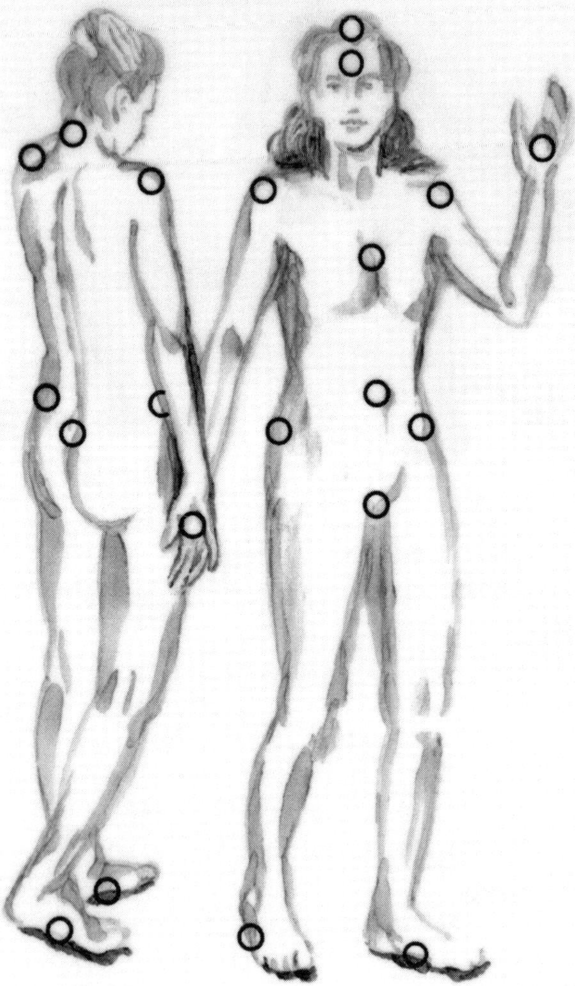

Folgende Kraftpunkte stehen miteinander in Verbindung: Stirn- und Scheitelpunkt, Handflächen und Schultern, Fußsohlen und Hüften, Nackenbasis auf der Rückseite des Körpers und Mitte der Brust auf der Vorderseite, Ende der Wirbelsäule zwischen den Hüften und Bauchnabel.

In bestimmten Massagephasen werden auch die Kiefergelenke, die Ellbogengelenke, die Handgelenke, die Kniegelenke und die Fußgelenke als zusätzliche Kraftpunkte einbezogen. Wenn in einer Massagehaltung die Fußsohlen nur schwer zu erreichen sind, können auch die Fußspitzen berührt werden.

Der Fregattvogelschritt

Wie die Angehörigen vieler alter Kulturen haben auch die Hawaiianer wichtige Lehren aus der Natur gezogen. Hoch am Himmel über ihren Inseln konnten sie zum Beispiel den Fregattvogel beobachten, der den hawaiianischen Namen 'IWA trägt. Mit seinen langen, spitzen Flügeln und einem Gewicht von nur eineinhalb Kilogramm ist er ein ausgezeichneter Flieger. Als Akrobat unter den Seevögeln kann er enge Kreise und Spiralen drehen und mit großer Geschwindigkeit durch die Luft jagen. Er ist über einen Meter lang und seine Flügel haben eine Spannweite von zwei Metern. Die Fregattvögel sind schwarz, die Weibchen haben an der Kehle und an der Brust weiße Federn Der Name Fregattvogel leitet sich von den schnellen Schiffen der Piraten, den Fregatten, ab, die andere Schiffe verfolgten und beraubten. Dem Fregattvogel gab man diesen Namen, weil er andere Seevögel beraubt. Er jagt solange hinter ihnen her, bis sie ihre Beute fallen lassen. Kurz bevor sie ins Wasser fällt, erhascht der Räuber seine Beute; denn da er kein Öl für seine Federn produziert, kann er nicht wie andere Seevögel ins Wasser eintauchen. Er kann jedoch mit seinem langen Schnabel im Flug Fische aus dem Wasser holen. Das gelöste Fliegen des Fregattvogels ist Vorbild für eine bestimmte Bewegung, die bei der Massage eingesetzt wird. Wie die Schwingen des Fregattvogels, die sich immer wieder ausbreiten, gleiten die Arme des Masseurs über den Körper des Klienten.

Der LOMI LOMI NUI-Masseur bewegt sich während der Behandlung leichtfüßig und harmonisch um die Massageliege herum. Diese fließende Bewegung wird durch regelmäßiges Ausführen des Fregattvogelschrittes über einen längeren Zeitraum hinweg erreicht. Die Bewegung dient dazu, den Körper zu lockern, zu entspannen und das Herz zu öffnen. Arme, Beine und Kopf bewegen sich gleichzeitig, so daß eine Integration beider Gehirnhälften stattfindet. Da der Rhythmus des Schrittes dem Herzschlag ähnlich ist, wird der Atem tief und gleichmäßig. Dadurch fließt mehr Sauerstoff durch den Körper und kräftigt ihn. Durch tägliches Ausführen des Fregattvogelschrittes kann eine Selbstheilung eingeleitet werde. Es sind Fälle bekannt, in denen ältere Menschen mit asthmatischen Beschwerden durch regelmäßiges Üben dieses Schrittes wieder frei atmen konnten.

Ausführung des Fregattvogelschrittes

1. Die Füße stehen hüftbreit nebeneinander,
die Knie sind leicht angewinkelt.
Das Körpergewicht ist gleichmäßig verteilt.

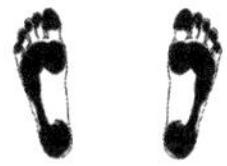

2. Der rechte Fuß wird nach rechts hinten gesetzt.
Das Gewicht liegt auf dem rechten Fuß.

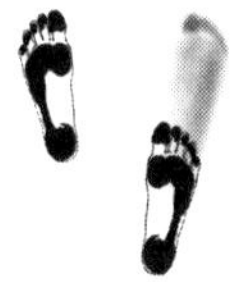

3. Der linke Fuß wird vor den rechten
und noch etwas weiter nach rechts gesetzt,
so daß das linke Bein das rechte kreuzt.
Das Gewicht liegt auf dem linken Fuß.
Die Arme werden vor der Brust gekreuzt.

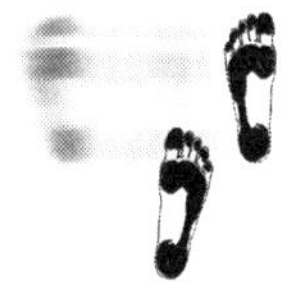

4. Der rechte Fuß wird hüftbreit nach vorn
neben den linken gesetzt.
Das Gewicht liegt nun auf dem rechten Fuß.
Beide Arme öffnen sich zu den Schwingen
des Fregattvogels, indem sie wie Flügel gestreckt nach außen geführt werden.
Der linke Fuß wippt dabei auf die
Zehenspitzen.
Der Blick geht über die
Fingerspitzen der rechten Hand in die Ferne.

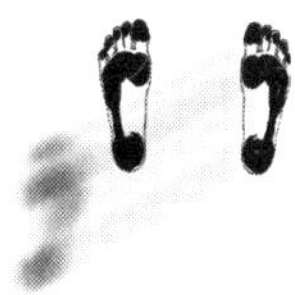

5. Der linke Fuß wird nach links hinten gesetzt.
Das Gewicht liegt auf dem linken Fuß.

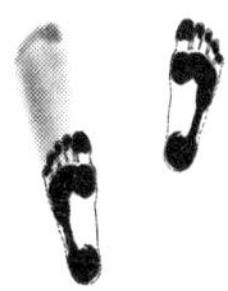

6. Der rechte Fuß wird vor den linken und
noch etwas weiter nach links gesetzt, so daß
sich die Beine kreuzen. Die Arme kreuzen
sich ebenfalls.

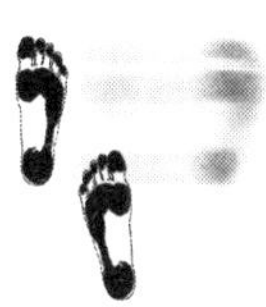

7. Der linke Fuß wird hüftbreit nach vorn neben den rechten gesetzt.
Das Gewicht ruht auf dem linken Fuß.
Die Arme öffnen sich wieder zu den Schwingen des Fregattvogels. Der rechte Fuß wippt dabei auf die Zehenspitzen.
Der Blick geht über die Fingerspitzen der linken Hand in die Ferne.

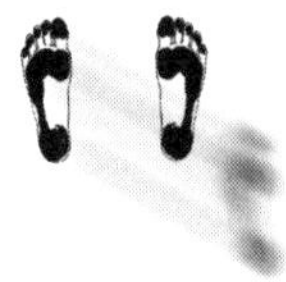

8. Von jetzt an wiederholen sich die Schrittfolgen.
Der rechte Fuß wird nach hinten gesetzt wie in 2. und so weiter.

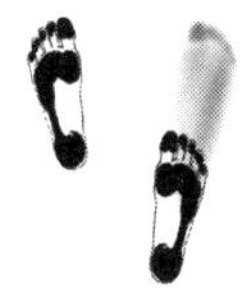

Zunächst werden nur die Schritte so lange geübt, bis man sie sicher beherrscht. Dann werden die Arme, die „Schwingen", in Bewegung gesetzt. Wenn die Beine sich kreuzen, kreuzen sich auch die Arme. Das Kreuzen und Schwingen der Arme vollzieht sich in einem Bewegungsfluß, ebenso wie der Ablauf der Schritte. Für die Füße kann man sich folgenden Rhythmus als „Eselsbrücke" merken: nach hinten, zur Seite, daneben.

Der Schritt wird zu den Klängen hawaiianischer Musik so lange getanzt, bis der Tänzer ganz von der Harmonie der Bewegung erfüllt und seine Brust weit und frei geworden ist. Die Beine sind das sichere Fundament, auf dem das Bewußtsein ruht, die Arme sind die Schwingen, die zu neuen Zielen tragen.

Hula-Tanz

Eine wichtige Voraussetzung für den Erfolg einer LOMI LOMI NUI-Massage ist die richtige Körperhaltung des

Masseurs. Auf Hawaii besuchen viele LOMI LOMI NUI-Schülerinnen und Schüler auch die Hula-Schulen, um die traditionellen Tanzschritte zu erlernen und so eine totale Harmonie von Körper und Geist zu erreichen.

Das Praktizieren des Hula-Tanzes hilft dem LOMI LOMI NUI-Masseur, jene Leichtfüßigkeit, Gelenkigkeit und Ausdauer zu steigern, die er für seine Arbeit braucht. Außerdem stellt er durch die Hula-Bewegungen eine Verbindung zwischen seinem Inneren und dem göttlichen Universum her und bezieht so von einer höheren Ebene spirituelle Kraft für seine Massage. In der LOMI LOMI NUI-Massage wird der Hüftschwung aus dem Hula-Tanz, AMI genannt, zur wirkungsvollen Unterstützung der Behandlung eingesetzt. Diese langsame oder schnelle Hüftdrehung führt zu einer fließenden, lockeren Körperbewegung.

Die Beweglichkeit und Weichheit des Masseurs wird in der westlichen Welt oft einseitig als Ausdruck der Erotik und Sinnlichkeit interpretiert. Tatsache ist, daß körperliche Leichtigkeit und frei fließende Energien einen gesunden Körper ausmachen.

Hula ist ein Sammelbegriff für alle hawaiianischen Tänze, von denen es sehr unterschiedliche Formen gibt: alte und neuere Volkstänze und Tänze mit viel Gesang, die hauptsächlich für Touristen aufgeführt werden. Allen Hula-Tänzen ist eins gemeinsam: Sie erzählen eine Geschichte, einen Mythos, eine historische Begebenheit oder etwas Wichtiges aus dem täglichen Leben. Beim Hula gelangen Tänzerinnen und Zuschauer auf eine höhere Bewußtseinsebene, die konzentrierte Wahrnehmung wird gefördert, Instruktionen und Inspirationen werden vermittelt.

Der Hula-Tanz soll aber auch Spaß machen und Lebensfreude, Liebe und Harmonie zum Ausdruck bringen. Wer einmal Gelegenheit hatte, die weichen, fließenden Bewegungen des Hula zu sehen, wird von der Ausdruckskraft dieses Tanzes fasziniert sein.

Hula wurde früher nur von Männern getanzt und war mehr kämpferischer Natur. Erst als die Männer außerhalb der Inseln Kriege führten und die Frauen Hula zu tanzen begannen, wandelte sich der Tanzstil in eine harmonische, liebevolle Richtung. Heute wird Hula überwiegend von Frauen getanzt.

Hula wird immer mit nackten Füßen getanzt. Auch der LOMI LOMI NUI-Masseur sollte barfuß sein, während er massiert, um stets guten Bodenkontakt zu haben und die Erdenergien besser spüren zu können.

Piko Piko-Atmung

Das hawaiianische Wort „Piko“ bezeichnet sowohl den Kraftpunkt am Scheitel, den höchsten Punkt des Kopfes, als auch den Kraftpunkt am Bauchnabel. Da diese beiden Kraftpunkte durch den Atem miteinander verbunden werden, spricht man von Piko Piko-Atmung. Der LOMI LOMI NUI-Masseur verbindet sich zunächst gedanklich mit der Zentralsonne im Universum und mit dem Mittelpunkt der Erde. Dann stellt er sich vor, daß er intensiv und konzentriert durch den Scheitelpunkt einatmet und durch den Nabelpunkt ausatmet. Dadurch daß die Atemluft über die Kraftzentren geführt wird, erfahren seine physischen und mentalen Energien in ganz kurzer Zeit eine erhebliche Steigerung. Die über die Kraftpunkte aufgenommenen kosmischen Schwingungen wirken bis ins Innerste seines Körpers und führen zu einem erweiterten Bewußtsein, das der LOMI LOMI NUI-Masseur während der Behandlung nutzt. Wie lange die Piko Piko-Atmung ohne Unterbrechung durchgeführt werden kann, ist vom Energiezustand des Menschen abhängig und muß erspürt werden. Diese

Atemtechnik kann überall und zu jeder Zeit eingesetzt werden, wenn man sich mit frischer Energie aufladen möchte. Der LOMI LOMI NUI-Masseur praktiziert sie unmittelbar vor einer Behandlung. Er kann mit Hilfe dieser Atemtechnik aber auch während einer Behandlung weitere Energie auftanken, wenn dies erforderlich ist, zum Beispiel bei besonders intensiven Behandlungen.

Noch mehr Energie für Körper und Geist kann dadurch gewonnen werden, daß man weitere Kraftpunkte in die Atmung einbezieht. Als sehr wirkungsvoll hat sich folgender Ablauf erwiesen: Scheitelpunkt einatmen – Nabel ausatmen, linke Schulter einatmen – Nabel ausatmen, rechte Schulter einatmen – Nabel ausatmen, Brustmitte einatmen – Nabel ausatmen, linke Hüfte einatmen – Nabel ausatmen, rechte Hüfte einatmen – Nabel ausatmen, Schambereich einatmen – Nabel ausatmen. Diese Atemtechnik wird so lange praktiziert, bis deutlich spürbar ist, daß Energie gewonnen wurde. Es ist zweckmäßig, die Hände beim Atmen auf dem Rücken zusammenzuführen, damit der Brustkasten weit und frei wird.

Sonnenmeditation

Der LOMI LOMI NUI-Masseur sollte das folgende Sonnenritual regelmäßig durchführen, auf jeden Fall aber an den Tagen, an denen er jemanden massiert. Alle hawaiianischen Rituallieder werden nach bestimmten Melodien gesungen, die jedoch nach Gefühl abgewandelt oder frei gewählt werden können. Die im Lied beschriebenen Bilder werden mit Gesten nachgezeichnet. Sämtliche Rituale sollten möglichst im Freien durchgeführt werden.

Zum Sonnenaufgang (PUKA 'ANA O KA LA) wird das folgende Lied gesungen, um die Sonne zu rufen sowie die Menschen und die ganze Welt zu wecken.

E ALA E = Wach auf!
(Die Arme empfangen und begrüßen den Tag.)
KA LA I KA HIKINA = Die Sonne im Osten
(Die linke Hand deutet zum Himmel.)
I KA MOANA = der Ozean – sinngemäß: aus dem Ozean
(Die Hände bewegen sich wellenförmig.)
KA MOANA HOHONU = der tiefe Ozean – sinngemäß: aus dem tiefen Ozean
(Die Hände deuten die Tiefe des Ozeans an.)
PI'I I KA LEWA = erreicht den Himmel
(Die linke Hand geht nach oben.)
KA LEWA NU'U = den höchsten Himmel
(Die rechte Hand zeigt ganz nach oben.)
I KA HIKINA = im Osten
(Eine Hand zeigt nach Osten.)
AIA KA LA = Dort ist die Sonne.
(Die Hände formen die Sonne und führen sie nach oben.)
E ALA E = Wach auf!
(Die Hände drücken diesen Ruf aus.)

Zum Sonnenuntergang (NAPO 'O 'ANA O KA LA) wird das folgende Lied gesungen, um die Sonne, die Menschen und die Welt in die Nacht zu begleiten.

E MOEMOEA = Träume einen Wunsch, den du hegst.
(Hände und Kopf in Schlafstellung.)
KA LA I KE KOMOHANA = Die Sonne im Westen
(Ein Arm hebt sich und deutet zum Himmel.)
I KA MOANA = der Ozean – sinngemäß: in den Ozean
(Die Hände bewegen sich wellenförmig.)
KA MOANA HOHONU = der tiefe Ozean – sinngemäß: in den tiefen Ozean
(Die Hände deuten die Tiefe des Ozeans an.)
HELE INO I KE KAI = steige hinab in die See
(Die Hände gehen nach unten.)

KE KAI PAHIWA = die heilige See
(Eine Hand macht einen Bogen vor dem Körper.)
I KE KOMOHANA = im Westen
(Ein Hand zeigt nach Westen.)
AIA KA LA = Dort ist die Sonne.
(Die Hände formen die Sonne und führen sie nach oben.)
E MOEMOEA = Träume deinen Wunsch.
(Hände in segnende Stellung heben.)

Morgenmeditation

In der Morgenmeditation werden die sieben hawaiianischen Elemente angesprochen und um Unterstützung gebeten. Diese Meditation ist möglichst täglich zu machen. Dabei wird nicht gesungen. Ausgangshaltung ist der Stand, wobei die Füße hüftbreit auseinander stehen, die Knie leicht angewinkelt sind und die Hände flach in die Hüften gestützt werden.

Zunächst praktiziert der Masseur eine Zeitlang die Piko Piko-Atmung. In seiner Vorstellung atmet er durch den Scheitelpunkt ein und durch den Bauchnabel aus. Dadurch lädt er sich mit Energie auf.

AHI (Feuer): Beide Arme gehen mit offenen Händen gerade nach oben und kehren mit geschlossenen Fäusten zum Bauch zurück.
MAKANI (Wind): Beide Arme gehen mit offenen Händen schräg nach oben und kehren mit geschlossenen Fäusten zum Bauch zurück.
WAI (Wasser): Beide Arme werden mit offenen Händen seitlich ausgestreckt und kehren mit geschlossenen Fäusten zum Bauch zurück.
POHAKU (Stein): Beide Arme gehen mit offenen Händen

nach unten und kehren mit geschlossenen Fäusten zum Bauch zurück.

LA'AU (Pflanze): Der linke Arm wird mit offener Hand seitwärts gestreckt und kehrt mit geschlossener Faust zum Herzen zurück.

HOLOHOLONA (Tier): Der rechte Arm wird mit offener Hand seitwärts gestreckt und kehrt mit geschlossener Faust zum Herzen zurück.

KANAKA (Mensch): Beide Arme werden seitwärts gestreckt und kehren mit geschlossenen Fäusten zum Herzen zurück. Dabei überkreuzen sie sich. Dann werden die Arme weit ausgebreitet, um die liebevollen Energien an die Mitmenschen zu verschenken.

Die geschlossenen Fäuste symbolisieren eine starke Aufnahme der einzelnen Energien.

Bewegungsmeditation

Die Bewegungsmeditation wird auch Wassermeditation genannt. Der LOMI LOMI NUI-Masseur führt sie regelmäßig durch, um mit dem Element Wasser in Verbindung zu bleiben, dem Medium für die innere und äußere Reinigung.

Die Ausgangshaltung ist der Stand, die Füße stehen hüftbreit auseinander. Die Knie sind leicht angewinkelt, die Hände in die Hüften gestützt.

Während der Meditation macht der Körper eine gleichförmige seitliche Schaukelbewegung, zuerst siebenmal nach links, dann siebenmal nach rechts, entsprechend den sieben hawaiianischen Grundprinzipien. Dabei wird der Rumpf nach links oder nach rechts gedreht. Die Füße bleiben wippend auf dem Boden, das Schaukeln erfolgt lediglich durch Gewichtsverlagerung.

Die Handbewegungen beschreiben hintereinander die

nachfolgend genannten sechs Aspekte oder Erscheinungsformen des Wassers, und zwar ebenfalls siebenmal je Aspekt zuerst nach links und dann nach rechts. Die Darstellung eines jeden Aspekts wird von der gesungenen Aufzählung der sieben Grundprinzipien begleitet: IKE – KALA – MAKIA – MANAWA – ALOHA – MANA – PONO.

Als „Eselsbrücke" kann man sich folgenden Rhythmus merken: zur Seite – zurück. Diese Abfolge entspricht einem Prinzip, zum Beispiel IKE. Nach einiger Übung kann man dann die Silben der Prinzipien dazu singen. Die Melodie ist freigestellt.

Abhängig vom Wasseraspekt werden die nachfolgend beschriebenen Armbewegungen bei gleichzeitigem Schaukeln des Körpers ausgeführt. Mit diesen Bewegungen werden die Energien der jeweiligen Wasseraspekte in den Körper aufgenommen. Die Handbewegungen beginnen immer in Bauchhähe und enden auch dort.

Stromschnellen (KO KOI): Die Hände werden in schulterbreitem Abstand voneinander nach vorn gestreckt, Handflächen zueinander, als ob sie etwas halten. Während der Körper nach links wippt und IKE gesungen wird, beschreiben die Hände einen Kreis von oben nach unten und kehren danach als Faust zum Körper zurück. Die Kreisbewegung wird siebenmal in die gleiche Richtung gemacht. Sind die sieben Prinzipien durchlaufen, beginnt der Körper nach rechts zu schaukeln, und die Handbewegungen werden siebenmal nach rechts ausgeführt. Dabei wechselt die Richtung, in der sich die Hände drehen, so daß sie nun einen Kreis von unten nach oben beschreiben.

Wellen ('EA 'EA): Die Handflächen werden übereinander auf den Bauch gelegt. Dann machen sie eine rollende oder kreisende Bewegung umeinander nach links vom Körper weg und kehren als Fäuste zurück. Wechselt der Körper in die Schaukelbewegung nach rechts, kehrt sich die rollende Bewegung der Hände um, und der Kreis dreht sich zum Körper hin. Die Hände werden nach rechts außen geführt und kehren als Fäuste zur Brust zurück.

Wasserfall (LELE WAI): Die Hände liegen nebeneinander auf dem Bauch, die Handflächen zeigen nach oben. Beide Arme machen eine flache Drehbewegung nach links außen in Hüfthöhe. Wenn sie zur Körpermitte zurückkehren, werden die Hände wieder zu Fäusten. Die Bewegung zur rechten Seite wird gegengleich ausgeführt.

Gezeiten (KAI): Die Hände werden gestreckt nach vorn geführt und schwingen leicht nach oben. Die Handflächen zeigen nach unten. Sie kehren als Fäuste zurück. Diese Bewegung ist links und rechts gleich.

Fliegender Fisch (LELEPO): Von der Körpermitte ausgehend schwingen die Arme wie Flügel, die Hände bilden Fäuste vor dem Körper. Beidseitig wird die gleiche Bewegung ausgeführt.

Himmlischer Regen (UALANI): Von der Körpermitte ausgehend schwingen die Arme mit geöffneten Händen nach oben über den Kopf, die Fäuste bringen den Regen zum Körper. Auch hier wird beidseitig die gleiche Bewegung ausgeführt.

Wunschimagination

Wir haben bereits verschiedene Arten, sich mit Energie aufzuladen, kennengelernt. Einen energiegeladenen Zustand kann man nutzen, um eine erfolgreiche Wunschimagination durchzuführen.

Zunächst führt man beide Hände mit den Fingerspitzen zusammen und legt sie vor den Bauch. Dann wird der

Wunsch formuliert oder das Gebet gesprochen – auch leise. Um den Wunsch deutlicher zu machen, wird ein inneres Bild oder ein Symbol dafür geschaffen. Die Arme und Hände beschreiben nun um den Körper herum einen Kreis nach oben, praktisch eine Hülle darstellend. Die Hände kommen über dem Kopf zusammen und kehren vor den Bauch zurück. Dadurch wird der Wunsch in den Körper hineingenommen. Die Hände bilden dann eine Schale, in der das Wunschbild wie ein Samenkorn liegt. Dieses Samenkorn wird nun zur Verwirklichung in die Welt gepustet. Damit ist der Wunsch losgelassen. Um den Vorgang zu segnen und mit noch mehr Energie aufzuladen, wird dreimal folgendes Gebet gesprochen:

AUMAKUA	Hohes Selbst,
MAI KA PO WAI OLA	sende vom Himmel das Wasser des Lebens,
HO IKEA MAI I KE OLA	mach, daß dieser Wunsch sich verwirklicht.

Dann wird zur Bekräftigung des Wunsches die linke Hand zur Faust geballt. Gleichzeitig schlägt die rechte Handfläche auf die linke Faust, und der linke Fuß macht einen Schritt nach vorn, während der rechte Fuß stehen bleibt. Um die Wunschimagination zu besiegeln und das Gebet zu beenden, wird das Abschlußwort AMAMA – so sei es – gesprochen. Das Gebet kann auch gesungen und in Verbindung mit einem Ritual dargebracht werden.

Heilungszeremonie

Die Heilungszeremonie wird durchgeführt, wenn eine oder mehrere Personen viel Energie und Kraft brauchen. Der LOMI LOMI NUI-Masseur wird einen solchen Energiemangel bei seinem Klienten feststellen oder dieser informiert ihn darüber. Der Masseur arbeitet dann mit einer Hand von einem seiner Kraftpunkte aus, die andere Hand legt er auf die zu behandelnde Körperstelle des Klienten. Er kann auch eine Hand zum Himmel strecken und gedanklich Kraft aus dem Universum schöpfen. In die Berührungen bezieht er die Naturelemente und die hawaiianischen Grundprinzipien ein.

Der Masseur dankt den Naturelementen und bittet sie um Kraft und Unterstützung. Er verbindet sich gedanklich mit Feuer, Wasser, Wind, Stein, Pflanze, Tier und Mensch und segnet alles. Segnen bedeutet, sich selbst und anderen verzeihen. Dann kehren Licht, Liebe und Harmonie zurück. Diese positive Schwingung gibt er an den Klienten weiter.

Anschließend ruft er die Kräfte der sieben Grundprinzipien an und gibt sie ebenfalls an den Klienten weiter. Zur Anrufung werden die Namen der sieben Grundprinzipien gesungen: IKE – KALA – MAKIA – MANAWA – ALOHA – MANA – PONO. Die Hand des Masseurs bleibt dabei auf der Haut des Klienten liegen. Dieser erhält entsprechend den sieben Prinzipien Zugang zu neuen Einsichten. Der Masseur läßt die Kräfte einwirken und beendet dann sanft diesen Teil der Behandlung.

Die Heilungszeremonie mit mehreren Personen soll nur kurz erwähnt werden. Die Personen, die Energie brauchen, setzen sich in die Mitte des Raumes und schließen die Augen. Die anderen Personen bilden einen Kreis und halten sich an den Händen. Dann schwingen sie im Takt der gesungenen sieben Prinzipien in den Hüften. Eine Person nach der anderen geht aus dem Kreis in die Mitte und segnet die dort Sitzenden auf ihre Art. Die Zeremonie kann dadurch ergänzt werden, daß im Kreis um die Mitte herumgegangen wird oder daß mehrere Personen gleichzeitig die Sitzenden segnen. Am Ende einer Zeremonie setzen sich andere Personen in die Mitte, bis alle einmal gesegnet worden sind.

Leitsätze für die Massage

Der LOMI LOMI NUI-Masseur spürt mit all seinen Sinnen in den Klienten hinein, um dessen Bedürfnisse sowie seine Stärken und Schwächen zu erkennen. Er paßt sein Bewußtsein jedem Körper an, ob schlank, korpulent oder schwanger, und wählt die richtige Behandlungsmethode. Er konzentriert sich ganz auf diesen Körper und fühlt bei der Massage, wo Verspannungen auftreten. Mit seinen Händen, Armen und mittels der geistigen Verbindung, die er zu diesem Körper hergestellt hat, löst er die Spannungen auf.

Der LOMI LOMI NUI-Masseur sieht jeden menschlichen Körper als vollkommen an und akzeptiert ihn ohne Vorbehalt. Dies vermittelt er dem Klienten vor, während und nach der Massage. Der Klient ist dann bereit, sich zu seinem Körper zu bekennen, und entwickelt ein ganz neues Körperbewußtsein.

Mit einer erfolgreichen Behandlung hilft der Masseur nicht nur dem Klienten, sondern auch sich selbst. Er betrachtet das, was er tut, weniger als Arbeit, sondern mehr als ein Spiel, das ihm selbst sehr viel Freude bereitet. Diese Freude überträgt sich auf den Klienten.

Gefühle zu zeigen ist nicht „in“ in einer coolen Männerwelt, aber auch Frauen haben zunehmend Schwierigkeiten damit. Um so mehr sehnt sich der gestreßte Mensch nach liebevoller Behandlung, nach mitfühlenden Worten und sanfter Berührung. Das Bewußtsein des Klienten wieder auf seine ureigenen Bedürnisse zu lenken, ist die Hauptaufgabe des Masseurs. Wenn er sich voll in die Behandlung hineingibt, wird er sehr schnell ein Gespür für die momentane Stimmung seines Klienten entwickeln und dafür, was er braucht.

Über den Hautkontakt zum Klienten und den sich daraus ergebenden Energiefluß kann der Masseur eventuelle Energiedefizite feststellen. Hier ist die Reaktion des Klienten auf die Massage jedes einzelnen Körperteils feinfühlig zu registrieren und auszuwerten. Der Masseur muß dann entscheiden, welche Behandlungsgriffe er anwenden will, um die Unzulänglichkeiten oder Blockaden zu lindern oder gar zu beseitigen.

Während einer LOMI LOMI NUI-Massage werden an den behandelten Körperstellen Energien freigesetzt und gezielt abgeleitet. Außerdem ermittelt der Masseur den Energiepegel an den Kraftpunkten des Körpers. Er fühlt in sich hinein, ob er Anzeichen von Kraftlosigkeit, Gleichgültigkeit oder Sensibilität bemerkt oder irgendeine Überreaktion feststellen kann. Die Punkte können sich kalt, leer oder weich anfühlen oder im Gegensatz dazu voll, heiß oder pulsierend. Abhängig von der Reaktion führt der Masseur seine Berührungen und Streichungen zwischen Kraftpunkten mit gleicher oder unterschiedlicher Reaktion aus. Auf diese Weise können die Meridiane, die Leitbahnen der Lebensenergie, angesprochen und aktiviert werden.

Durch die Massage wird auch das Unterbewußtsein des Klienten angesprochen – und das ist besonders wichtig. Im Huna spielt das Unterbewußtsein, das im harmonischen Zustand stets die richtigen Entscheidungen trifft, nämlich eine wesentliche Rolle. Wenn sich das Unterbewußtsein nicht frei entfalten kann und blockiert ist, werden früher oder später physische Störungen auftreten, die sich in Krankheit äußern.

Aufgabe des LOMI LOMI NUI-Masseurs ist es nun, außer den bestehenden Blockaden und Begrenzungen die noch vorhandenen Freiräume des Klienten zu erkennen und ihn zur Grenzüberschreitung zu animieren. Das kann durch behutsame Behandlung des Brustraums geschehen, der für Freiheit, Offenherzigkeit und Weite steht. Dabei muß das Gefühl der unermeßlichen Weite des Universums vom Masseur zum Klienten überfließen.

Es werden neue Empfindungen geweckt und Möglichkeiten der Veränderung erschlossen. Beim Klienten stellt sich eine neue innere Wachsamkeit und Aufmerksamkeit ein, die sich in einem verfeinerten Körperbewußtsein äußert. Bisher vernachlässigte, nicht beachtete Körperregionen werden neu aktiviert und mit Leben erfüllt. Der Körper wird insgesamt in ein stimmiges Gleichgewicht gebracht. Damit dies geschehen kann, muß der Klient die Möglichkeit bekommen, sich von innen her auszudehnen und gefühlsmäßig „weit“ zu werden. Bei all dem darf sein Sinn für die Realitäten des Lebens nicht verlorengehen, vielmehr muß sein gesamter Körper geerdet bleiben und im natürlichen Bewußtsein gehalten werden. Auch der Masseur bleibt stets fest mit der guten Mutter Erde verbunden und stellt sich vor, daß seine Wurzeln durch die Fußsohlen tief in die Erde bis zum Erdmittelpunkt reichen. Dennoch kann er sich nach oben öffnen und die unendliche Energie des Universums für sich in Anspruch nehmen.

Während der Massage kann es zu emotionalen Ausbrüchen kommen, und zwar dann, wenn vermeintlich verheilte seelische Wunden wieder aufbrechen. Auch kürzlich erfahrene Kränkungen und Beleidigungen, die noch nah an der Hautoberfläche gespeichert sind, können zu plötzlichen Gefühlsausbrüchen führen. Der Masseur hat dann die Aufgabe, diese unangenehmen Erinnerungen aufzulösen und Ruhe und Gelassenheit auf den Körper des Klienten zu übertragen. Auf jeden Fall muß das Äußern der Gefühle zugelassen und sogar gefördert werden, bevor sie sich als innere Spannungen festsetzen.

Klienten, die häufig unter körperlichen oder seelischen

Schmerzen zu leiden haben, haben oft eine gewisse Routine im Umgang damit und sind eher bereit, ihren Emotionen freien Lauf zu lassen. Anders verhält es sich mit Klienten, die wenig Übung im Umgang mit Schmerzen haben, aus welchen Gründen auch immer. Diese Klienten tendieren dazu, den Schmerz „wegzustecken" und immer tiefer werdende Verspannungen in ihrem Körper zu speichern.

Der Masseur hat hier die Aufgabe, besonders empfindsam die tiefsitzenden negativen Gefühle zu wecken und durch Behandlung der betreffenden Körperstellen aufzulösen. Dem Klienten ist nahezubringen, daß er durch einen Schmerz hindurchgehen muß, um dessen Auflösung zu erreichen. Jedes Zurückhalten erzeugt innere Spannungen, die zu körperlichem Unbehagen, Belastungen und schließlich zu Krankheiten führen können. Es wird immer nur soweit am Körper gearbeitet, wie es ohne Schmerz oder Widerstand möglich ist. Der Klient soll selbst entscheiden, wieweit er bereit ist, Schmerz zu ertragen, damit auch festsitzende Blockaden gelöst werden können.

Eine langanhaltende Disharmonie im Körper führt zwangsläufig zu einem Ungleichgewicht in der Psyche. Der Masseur sollte daher alles daran setzen, die Ursache für die bestehenden Verspannungen zu ermitteln. Diese kann häufig aus den Gefühlsäußerungen des Klienten abgeleitet oder durch anschließende Gespräche in Erfahrung gebracht werden.

Bei der LOMI LOMI NUI-Massage ist die Arbeit an Armen und Beinen und an den Gelenken von besonderer Bedeutung. Das Bewegen, Wiegen und Schwingen der Arme und Beine geben dem Masseur einen Anhaltspunkt dafür, in welchem Maße der Klient bereit ist loszulassen. Hier kann sich eine starke Anspannung, ja eine regelrechte Sturheit zeigen. Wenn die Gliedmaßen jedoch auf einfühlsame Weise bewegt werden, fühlt sich der Klient rasch wohler und wird zunehmend flexibler.

Durch die Massage werden auch die Energien auf der Hautoberfläche zum Zirkulieren gebracht und ein wohliges Gefühl der Geborgenheit und Ruhe stellt sich ein. Indem man den freien Fluß aller Energien ermöglicht, wird das gesamte Energiepotential des Klienten freigesetzt und kann sich später bei Bedarf ungehindert erneuern. Um Stauungen in den Gelenken aufzulösen, werden die Gliedmaßen außerdem leicht geschüttelt.

Niemals darf der Masseur Bewegungen gegen den Widerstand eines Gelenkes „erzwingen". Mangelnde Flexibilität des Klienten zeugt von besonders festsitzenden Meinungen und Überzeugungen. Angesichts solcher Schwierigkeiten sind weitere Behandlungen anzuraten, die früher oder später eine weitaus größere Beweglichkeit zur Folge haben werden, und zwar nicht nur in den Gelenken, sondern auch in den Gliedmaßen und im gesamten Körper. Manche Klienten haben den Eindruck, als würden sie nach der LOMI LOMI NUI-Massage von einer höheren Macht wie eine Marionette an den richtigen Fäden durch jede Lebenssituation geführt. Andere wiederum erinnern sich in besonderen Situationen an Eingebungen, die ihnen bei der Betrachtung ihres Fokus während der Massage gekommen sind.

Auch in der menschlichen Aura, dem feinstofflichen Feld um den Körper herum, muß die Energie zum Fließen gebracht werden. Dies geschieht durch leichte Streichbewegungen sowohl an der Hautoberfläche als auch unmittelbar über der Haut. Die den Körper umgebende Aura ist von einer schlechten körperlichen oder seelischen Verfassung ebenso betroffen wie der Körper oder der Geist selbst.

Bei tiefsitzenden – auch emotionalen – Verspannungen müssen die Muskeln, das Gewebe und die Gelenke an den betreffenden Stellen besonders intensiv behandelt werden. Intensiv bedeutet hier nicht kraftvoll unter Erzeugung von

Schmerzen, sondern besonders liebevoll, gefühlvoll und bedächtig. Alles andere hätte nur neue Verspannungen und Blockaden im Körper des Klienten zur Folge.

Der Masseur berührt den Körper des Klienten auf andächtige Weise. Zunächst taucht er äußerst vorsichtig mit den Händen in die „Aura" des Klienten ein. Er arbeitet wie in Meditation, in Verbindung mit den göttlichen Mächten. Stets läßt er seine ganze Energie fließen und bringt diese in Harmonie mit der Energie des Klienten. Er bleibt die ganze Zeit völlig konzentriert und verbindet sein Hohes Selbst mit dem des Klienten. Die Massage soll beiden Beteiligten Lust auf mehr machen. Die vertrauensvolle Hingabe des Klienten und die Bereitschaft des Masseurs, auf alles einzugehen, schaffen eine Form der Intimität, die in ihrer Natürlichkeit und Unbefangenheit einzigartig ist.

Der Masseur fühlt sich während der Massage ständig neu in die jeweilige Situation ein und stellt eine permanente Verbindung zu den Emotionen des Klienten her. Er verwertet alle ankommenden Meldungen und folgt instinktiv den eigenen Gefühlen. Er ist sich bewußt, daß der Klient sich vertrauensvoll in seine Obhut begibt und ihm erlaubt, in seine unmittelbare Privatsphäre einzudringen. Dies kann bis zur vollständigen Hingabe führen, die der Masseur wahrnehmen und mit der er verantwortungsvoll umgehen muß. Es kommt bei der Behandlung ganz auf den liebevollen Umgang mit dem dargebotenen Körper, den offengelegten Gefühlen und den gehegten Hoffnungen an.

Die Gedanken des Masseurs müssen bei der Behandlung voll auf den Klienten ausgerichtet sein. Er darf sich durch nichts ablenken lassen, da sonst die spirituelle Verbindung verlorengeht. Beide Körper können gefühlsmäßig nur dann miteinander verschmelzen, wenn uneingeschränkte geistige Kommunikation möglich ist. So entsteht ein Fluß von Gefühlen – zunächst vom Masseur zum Klienten, anschließend aber auch in umgekehrter Richtung. Über die Aura und den physischen Körper wird eine heilende Verbindung hergestellt. Der Masseur bringt sich mit all seinem Wissen, seiner Intuition und mit all seiner Liebe und Verbundenheit in diese heilende Verbindung ein.

Der Masseur stellt seine Liebe gern in den Dienst der Hilfesuchenden, die auf die gute Wirkung seiner Heilmassage hoffen. Der gute Geist aus Hawaii ist wie ein unerschöpflicher Brunnen, aus dem der Masseur ständig schöpfen kann, ja schöpfen muß. Denn nur durch den ständigen Fluß der Energien bleibt der Masseur bereit für ständig neue Eingebungen, die er nutzbringend in die Behandlung einbringen kann.

Die meisten Klienten haben irgend etwas an ihrem Körper auszusetzen. Sie finden ihn „zu dick, zu dünn, zu groß, zu klein, zu faltig, zu unbeweglich, zu unsportlich, zu langsam“ und vieles mehr. Die Aufgabe des Masseurs besteht zunächst darin, dafür zu sorgen, daß der Klient seinen Körper so annimmt, wie er gerade ist. Während der anschließenden LOMI LOMI NUI-Massage wird dann der Wunsch nach einem vollkommenen Körper geweckt und dort wird auch aufgezeigt, wie dieses Ziel erreicht werden kann.

Der Masseur nimmt den Klienten auf jeden Fall so an, wie er ist, ohne jede Beurteilung. So wie der Mensch ist, ist er vollkommen. Alles wird akzeptiert. Die Gefühle und Energien wandern von Körper zu Körper, von Aura zu Aura. Der Körper des Klienten wird während der Behandlung durchlässig für den Energiestrom, sein Geist wird offen für positive Anschauungen. Festgefahrene Lebenseinstellungen, vorgegebene Gedankenmuster und unterdrückte Empfindungen werden beseitigt.

Da Körper und Geist eine Einheit bilden, bringen sich Gefühle, Erfahrungen und Lebenseinstellungen im Körper zum Ausdruck. Die Muskelpartien und Gewebe sind an verschiedenen Stellen entsprechend ausgebildet. Bei der LOMI LOMI NUI-Massage werden diejenigen Körperstellen aufgespürt, an denen Verspannungen deutlich werden. Der Masseur muß nun ertasten, mit welchem Druck er an diesen Stellen arbeiten darf. Dabei sind die Reaktionen des Klienten genauestens zu beobachten. Ein zu geringer Druck erzeugt Unzufriedenheit, während ein zu starker Druck den Widerstand verstärkt. Der Masseur muß also ergründen, welche Meldung der ihm anvertraute Körper gerade gibt.

Der Masseur ist sich der Energien bewußt, die durch ihn hindurch fließen. Er wird eins mit der Person, die er behandelt, er denkt nur noch an sie. Er gibt ihr bedingungslose Liebe ohne Hintergedanken. Diese Zuneigung ist unbedingt erforderlich – und sehr vielen Menschen fällt es schwer, sie aufzubringen. Der Masseur urteilt nicht über die ihm anvertraute Person. Es ist gleichgültig, ob sie während der Massage weint, lacht oder irgend etwas anderes macht.

Es ist wichtig, daß der Masseur den Klienten während der Massage überall berührt, außer im Intimbereich. Dadurch signalisiert er dem Unterbewußtsein des Klienten, daß es mit den Kräften des Masseurs verbunden ist und daraus schöpfen kann. Der Masseur überträgt seine Harmonie auf den Klienten und erinnert die Zellen seiner Haut, seiner Muskeln und seiner Nerven an den Zustand der Entspannung, Freude und Gesundheit.

Im Alltag vergessen wir häufig, unserem Körper oder bestimmten Körperteilen die gebotene Aufmerksamkeit zu schenken. Der Körper erlebt sich dann als einsam und verlassen. Mit seinen Berührungen sorgt der Masseur dafür, daß sich der Körper wieder geliebt und angenommen fühlt, und leitet damit einen Heilungsprozeß ein. Die Wirkung der Massage zeigt, daß dies keine theoretische Annahme ist.

Wenn ein Masseur mit seiner Behandlung wirklich helfen will, muß er seine ganze Aufmerksamkeit und Liebe hineinlegen. Der Klient wird diese Liebe spüren, wenn nicht bewußt, so doch auf jeden Fall über sein Unterbewußtsein. Das Unterbewußtsein des Klienten fühlt genau, ob der Masseur wirklich mit jeder Faser seines Wesens bei der Sache ist oder ob er schon an den nächsten Klienten denkt.

Hawaiianische Musik während der Massage wirkt zusätzlich energetisierend und fördert den Aloha-Spirit. Masseur und Klient lassen die Musik ohne Urteil durch sich hindurchfließen. Es wird aber nicht nach der Musik oder in ihrem Rhythmus massiert. Wenn ein schnelles Musikstück erklingt, kann die Hand des Masseurs dennoch gerade an einer bestimmten Körperstelle ruhen oder mit ganz kleinen Bewegungen sanft über den Körper des Klienten gleiten.

Wohin der Masseur seine Hände oder Arme auch gleiten läßt, seine Gedanken gehen immer mit. Diese Aufmerksamkeit strahlt bis in die Muskeln, Knochen und Organe des Klienten. Heilende Energie fließt dorthin, wo die Aufmerksamkeit ist. In seiner Vorstellung kann der Masseur eine Hand ins Universum bis zu den Sternen ausstrekken, während seine andere Hand auf dem Körper des Klienten liegt. Mit dieser Hand kann er auch über die betreffende Körperstelle fächeln, um Energie zuzuführen, oder spiralförmige Bewegungen nach oben ausführen, um Energie abzuleiten. Zusätzlich kann er gedanklich mit dem Körper des Klienten kommunizieren und ihm mitteilen, daß er sich entspannen soll. Je besser und intensiver die Energien fließen, desto schneller kann der Masseur Ängste, Verkrampfungen und Blockaden aufspüren und beseitigen. Es ist absolut unerläßlich, daß jede aufbrechende Blockade zum erlösenden Abschluß gebracht wird.

Der Masseur beginnt einen Massageabschnitt immer

mit leichtem Druck, der beim zweiten Durchgang fester wird. Anschließend folgt derselbe Vorgang nochmals mit leichtem Druck. In diesem Wechsel kann der Massageabschnitt nach Bedarf wiederholt werden, jeweils mit leichtem Druck endend. Fließende, lange und schnelle Streichungen wechseln mit langsamen Bewegungen, mit kleinen, oftmals kreisenden Bewegungen oder mit völligem Innehalten ab. Der Verstand des Klienten hat nie die Möglichkeit, sich bewußt auf eine Berührung oder Bewegung einzustellen, da alles dem ständigen Wechsel unterliegt. Bei den fließenden, leichten Streichungen tanzt der Masseur im Fregattvogelschritt um den Körper des Klienten herum. Bei intensiver Behandlung schwingt er nur noch in den Hüften. Oftmals ist es nur noch eine ganz kleine Bewegung, aber das Becken ruht nie ganz. Der Rükken bleibt stets gerade. Die Füße halten intensiven Kontakt mit dem Boden. Auf diese Weise massierten die Kahunas stundenlang, manchmal tagelang.

Der Masseur darf nie den Hautkontakt zum Klienten verlieren. Wenn er Verspannungen aufgespürt hat, wird er die Massagegeschwindigkeit an dieser Stelle verringern. Es gibt keine Vorschrift, wie lange und wie intensiv massiert werden soll. Der Masseur nimmt sich viel Zeit, um zu erspüren, was dem Klienten gut tut.

Der Masseur arbeitet auch mit Vorstellungen und Bildern. Während er eine Verhärtung im Körper des Klienten behandelt, stellt er sich zum Beispiel vor, daß er einen Felsen ganz weich machen soll. Wenn Ruhe, Harmonie und Flexibilität in den Körper eindringen sollen, wiegt er sich wie eine Palme im Wind. Der Phantasie sind hier keine Grenzen gesetzt.

Durch die richtige Körperhaltung während der Behandlung sorgt der Masseur stets auch für seine eigene Entspannung. Emotionen, die während der Massage im Klienten hochkommen, kann er durch seinen Körper fließen lassen und über die fest auf der Erde stehenden Füße sofort in den Boden ableiten. Er bleibt immer in Balance und Harmonie. Wer nicht elastisch ist, wird schnell müde sein. Und Müdigkeit und Verkrampfungen des Masseurs würden sich natürlich sofort auf den Klienten übertragen.

Die Massage kann auch von zwei Masseuren vierhändig durchgeführt werden. Dann muß jeder Masseur darauf achten, welche Massagegriffe sein Partner oder seine Partnerin gerade anwendet. Für den beobachtenden Verstand des Klienten ist es in diesem Fall unmöglich, auf sämtliche Bewegungen zu achten, und er überläßt sich vollkommen den liebevollen Händen. Die Massagebewegungen müssen jedoch stsets in Harmonie bleiben. Wenn ein Masseur am Oberkörper beginnt, bearbeitet der andere die Beine und Füße. Diese gleichzeitige Behandlung von Ober- und Unterkörper erzeugt beim Klienten ein besonderes Wohlbehagen. Wenn der erste Masseur intensiv an einer Körperstelle arbeitet, darf der zweite nur leichte, streichelnde Bewegungen machen. Die Dehnung der Gelenke darf immer nur ein Masseur durchführen. Niemals dürfen zwei Gliedmaßen gleichzeitig gedehnt werden! Die abschließenden Streichungen müssen völlig synchron durchgeführt werden. Die hingebungsvolle Berührung des Körpers von vier Händen gleichzeitig bewirkt, daß der Klient die intensive Zuwendung und Liebe sehr stark erlebt und sich voll und ganz angenommen fühlt. Manchmal wird die Massage auch von drei Masseuren sechshändig durchgeführt.

Auf der Körpervorderseite wird mit langsameren und sanfteren Bewegungen massiert als auf der Rückseite. An den Händen und Füßen muß grundsätzlich langsam gearbeitet werden. Der Energiestrom kann dann ruhig fließen, und der Klient entspannt sich leichter. Die Tanzbewegungen im Fregattvogelschritt werden der Geschwindigkeit angepaßt. Der Masseur darf dem Klienten niemals wehtun, die Massage muß immer ein Vergnügen bleiben. Der Masseur achtet darauf, daß der Klient stets eine ruhige Atmung beibehält. Wenn Schmerzen auftreten, wird die Atmung unregelmäßig, der Körper reagiert mit einem leichten Zucken.

Der Reaktion des Klienten auf die Berührung bestimmter Körperstellen kommt eine besondere Bedeutung zu. Seine Erfahrung und Intuition helfen dem Masseur, diese Signale richtig zu bewerten und durch gezielte Massagestriche dafür zu sorgen, daß verschüttete Gefühle aufgedeckt und Blockaden gelöst werden. Indem er die Intensität und Geschwindigkeit der Massage verändert, kann der Masseur näher an die Gefühle des Klienten herankommen.

Manchmal kommt es vor, daß der Klient während der Massage den zuvor gewählten Fokus ändern möchte. Auf diese Wünsche ist behutsam einzugehen. Es ist jedoch zweckmäßig zu erfragen, was diesen Sinneswandel verursacht hat. Daraus können Rückschlüsse für den weiteren Verlauf der Massage gezogen werden. Manchmal kann es angeraten sein, den Klienten zum ursprünglichen Fokus zurückzuführen. Es kann nämlich der Fall eintreten, daß der Fokus während der Massage zu mächtig und dem Klienten unangenehm wird. Dann befindet er sich gewissermaßen auf der Flucht. Aufgabe des Masseurs ist es nun, zwischen dem Notwendigen und einem Übermaß abzuwägen.

Es kann aber auch vorkommen, daß ein Klient ohne bestimmte Vorstellungen zur Massage erscheint und keinen Fokus wählen kann oder will. Er kommt eigentlich nur, weil er von der Massage gehört hat, um sich zu entspannen und um zu erleben, ob etwas geschieht. Im Übrigen gibt er sich verschlossen und ist nicht bereit, irgend etwas von seinen Gefühlen preiszugeben.

In diesem Falle gibt es die Möglichkeit, den Klienten entweder verbal oder durch bestimmte Handgriffe während der Massage zu Gefühlsäußerungen zu bringen. Hierbei ist natürlich äußerste Umsicht geboten, denn wenn der Eindruck entsteht, daß dem Klienten etwas aufgezwungen werden soll, muß die Behandlung abgebrochen werden.

Es gibt nämlich noch andere Möglichkeiten, die harte, selbst aufgebaute Schutzhülle eines Menschen zu durchdringen. Der LOMI LOMI NUI-Masseur ist in der Lage, sich auf der spirituellen Ebene mit dem Klienten zu verbinden. Auf dieser Ebene fragt er seine speziellen Bedürfnisse ab und bekommt so Zugang zu den helfenden Energien, die er dann über seine Hände in den zu behandelnden Körper einfließen lassen kann.

Dieses spirituelle Einfühlungsvermögen kann der Masseur auf vielfältige Weise erlangen. Grundsätzlich muß er offen sein für besondere Schwingungen und unterbewußte Fingerzeige. Wichtigste Basis der LOMI LOMI NUI-Massage ist jedoch die Huna-Philosophie, die in diesem Buch nur andeutungsweise erläutert werden kann.

Die Aura des Klienten hat für den LOMI LOMI NUI-Masseur eine ganz besondere Bedeutung. Es gilt, diesen Bereich mit sensitiven Händen zu erspüren und die darin enthaltenen Signale über des Befinden des Klienten zu deuten. Es gibt Masseure, die eine Aura „lesen“ können, und zwar bereits, wenn sie den Klienten zum ersten Mal sehen. Hierzu bedarf es allerdings einer besonderen Feinfühligkeit.

Wichtig ist auch, daß der Körper des Klienten in ein energetisches Gleichgewicht gebracht wird. Es kann vorkommen, daß die linke Körperhälfte intensiver behandelt werden muß als die rechte oder umgekehrt. Das gilt natürlich auch für Ober- und Unterkörper. Im ständigen, gefühlvollen Fluß des Gebens und Nehmens kann der Masseur die Energien in einem fein differenzierten Ausmaß auf den Körper des Klienten verteilen.

Der Masseur spielt sozusagen auf dem Körper des Klienten wie auf einem Musikinstrument, das er durch gekonnte Handgriffe in harmonische Schwingungen versetzt. Sind die Saiten vestimmt, das heißt die Energien im Ungleichgewicht, muß er mit seiner inneren „Stimmgabel" für die richtigen Töne, sprich, für ungehemmten Energiefluß sorgen.

Auf der einen Seite muß sich der Masseur körperlich und geistig vollkommen in die Massage einbringen, auf der anderen Seite darf er keine negativen Schwingungen und Energien in sich selbst aufnehmen.

Damit er während seiner Arbeit stets in der starken Position des Gebenden bleiben kann, muß er auch außerhalb seiner Tätigkeit ständig üben und meditieren und bewußte Ruhephasen einlegen. So kann er stets auf eine unerschöpfliche Energiequelle zurückgreifen und fühlt sich als Kanal für die allumfassende Liebe des Schöpfers, die er auf seine Klienten überträgt. Der Masseur vergißt nie, sich dafür zu bedanken, daß er fähig ist, den Weg der Liebe stets ohne Erschöpfung zu gehen und diese Liebe auch in seinem Umfeld zu vermitteln.

Das hawaiianische Wort für Verbundenheit, für das Zusammenfließen zweier Körper ist „KOKUA". Es bezeichnet aber auch das Zusammenspiel zwischen dem Menschen und dem Universum. Beide Faktoren werden in die LOMI LOMI NUI-Massage einbezogen: die Tatsache, daß der Masseur Kräfte aus dem Aloha-Spirit schöpft, und das Zusammenfließen der Gefühle während der Behandlung.

Der LOMI LOMI NUI-Masseur lebt in diesem guten Geist des KOKUA. Während er sich völlig in die Massage einbringt, bekommt er von einer höheren Ebene die Energien, die er für seine Arbeit braucht. Die Massage ist daher niemals anstrengend für ihn, sondern wird stets als entspannende und schöne Erfahrung empfunden.

Auf Hawaii spielt das Gleichgewicht zwischen Geben und Nehmen eine große Rolle. Die Hawaiianer glauben, daß sie viel wiederbekommen, wenn sie viel geben, und das macht sie glücklich. Deshalb darf man auf Hawaii niemals ein Geschenk oder eine Einladung ablehnen. Bezogen auf die LOMI LOMI NUI-Massage bedeutet dies: Das Gleichgewicht der Gefühle zweier Menschen ist von auschlaggebender Bedeutung. Und je mehr Energie der Masseur in den Körper des Klienten einbringt, desto mehr Energie wird er von den höheren Mächten zurückbekommen.

Die Energien im menschlichen Körper fließen sowohl von unten nach oben (Erd-Energie) als auch von oben nach unten (Kosmos-Energie). Die LOMI LOMI NUI-Massage fördert den freien Fluß dieser Energien durch den Körper. Beide müssen im Gleichgewicht sein. Um ein Gefühl für diese Energien zu entwickeln und diese wecken zu können, verbindet sich der Masseur von Zeit zu Zeit in Meditationen mit dem Element Erde und mit dem Kosmos. Klienten, die mehrere aufeinanderfolgende Massagen wünschen, sind diese Meditationen ebenfalls anzuraten.

Die Erd-Meditation wird wie folgt durchgeführt: Man steht oder setzt sich auf einen Stuhl und spürt, wie aus den Fußsohlen Wurzeln bis tief in die Erde wachsen. Aus diesen Wurzeln fließt die Energie unserer guten Mutter Erde in den Körper und wird dort gespeichert. Man kann diese Übung auch in freier Natur machen, möglichst in der Nähe eines Baumes.

Die Verbindung zum Kosmos wird über den Scheitelpunkt hergestellt. Von hier aus denkt man sich einen Strahl bis weit in das Universum hinaus, über den kosmische Energie in den Körper eindringen kann. Auch hier ist die Meditation in freier Natur zu empfehlen, um das Einfühlen in die Schwingungen der freien Energie zu unterstützen.

In vielen Fällen ist der Klient in der Lage, die Anspannungen in seinem Körper während der Massage selbst zu spüren und sie dann leichter loszulassen. Diese Anspannungen treten aber nicht nur in der Muskulatur und in den Gelenken auf, sondern auch auf der geistigen Ebene, die eng mit der körperlichen verbunden ist.

Ein LOMI LOMI NUI-Masseur arbeitet sowohl auf der physischen Ebene als auch auf der geistigen. Ansichten wie „Ich bin schlecht oder egoistisch oder starrsinnig oder unvollkommen" werden sehr oft geäußert. Hier gilt es, ein neues Bewußtsein zu wecken und dem Klienten klarzumachen, daß wir alle ein ständig wachsendes Bewußtsein entwickeln können, sofern wir nur wollen.

Unterstützt wird die Vermittlung dieser Einsichten durch liebevolle Behandlung der Kopf- und Gesichtspartien sowie der Herzgegend durch sanftes Berühren mit anschließendem Streicheln und Massieren. Dadurch wird die Durchblutung und somit ein ungehinderter Energiefluß in diesem Bereich angeregt. Das Grundprinzip „Energie folgt der Aufmerksamkeit" findet hier seine Bestätigung.

Im Verlauf der Massage erlebt der Klient seinen Körper immer mehr als ein intaktes Haus für den Geist, mit hellen, freundlichen Zimmern und großen Fenstern nach draußen, dabei wohlig warm und gemütlich. Die gezielt vorgenommene LOMI LOMI NUI-Massage bewirkt, daß der Klient die Energie, die er für sein tägliches Leben braucht, zunehmend aus dem eigenen Körper und dem eigenen Geist schöpfen kann; denn sie ist reichlich und im Überfluß vorhanden, so reichlich, daß man sogar anderen etwas davon abgeben kann.

Auch wenn der Klient sich nicht mitteilt und abblockt, wirken die Massagestriche heilend auf den Körper und dringen tief in das Unterbewußtsein ein. Die Massage wirkt übrigens auch dann, wenn ein Klient während der Behandlung einschläft, denn das Unterbewußtsein ist stets hellwach und nimmt sämtliche Aktivitäten in allen Einzelheiten wahr.

Der Masseur will den Klienten nicht ändern, vielmehr muß jede Veränderung vom Klienten selbst gewollt und initiiert werden. Er allein ist verantwortich für alles, was er sieht. Er wählt das Gefühl, das er erlebt. Er legt die Ziele fest, die er erreichen will. Ihm widerfährt nur das, was er sich ausgemalt hat. Denn Gedanken haben ein starkes Potential, sich zu verwirklichen, das durch Worte noch um ein vielfaches verstärkt werden kann.

Der Klient soll selbst erkennen, wo die Ursachen seiner Verspannungen zu suchen sind. Es reicht nicht aus, die Verspannungen kurzfristig loszuwerden. Ihr Urprung muß ermittelt und bearbeitet werden. Ist das Bewußtsein dafür erst geweckt, wächst es ständig weiter, was manchmal eine völlige Umorientierung und einen grundlegenden Wandel im Leben des Klienten zur Folge hat.

Der LOMI LOMI NUI-Masseur vertritt dem Klienten gegenüber keine Theorien oder wissenschaftlichen Ansichten. Er glaubt einfach an die heilende Wirkung der Massage, wie sie von den weisen Kahunas praktiziert worden ist. Der Klient muß ein deutliches Gefühl dafür bekommen, daß es bei der Bewältigung von Problemen oder Krankheiten auf die Hilfe ankommt, die er sich selbst gibt, und er sich nicht einfach auf die Hilfe verlassen kann, die von außen kommt. Das bedeutet selbstverständlich nicht, daß er sinnvolle Hilfe ablehnen sollte. Nur erwarten darf er sie nicht. Es ist durchaus möglich, für Meinungen und Angebote von außen offen zu sein und gleichzeitig die Verantwortung für sich selbst zu übernehmen.

Die Sätze „Das schaffe ich nicht“ oder „Das kann ich nicht“ existieren im Wortschatz des LOMI LOMI NUI-Masseurs nicht. Wenn auch der Klient bereit ist, solche oder ähnliche Sätze künftig nicht mehr zu sagen, hat der Masseur ein großes Ziel erreicht.

3 ABLAUF EINER LOMI LOMI NUI-MASSAGE

Damit die LOMI LOMI NUI-Massage ein Höchstmaß an Wirkung erzielt, stimmt sich der Masseur auf den Klienten ein und trifft unmittelbar vor der Behandlung einige vorbereitende Maßnahmen.

Räumliche Umgebung

Der Massageraum muß eine hawaiianische Atmosphäre ausstrahlen. Dazu gehört als erstes eine entsprechend hohe Zimmertemperatur. Der Masseur muß bedenken, daß der Klient ungefähr zwei Stunden nahezu unbekleidet auf der Massageliege verbringt. Als praktische Zusatzheizung, vor allem im Winter, haben sich temperaturgesteuerte elektrische Heizgeräte erwiesen. Die Oberfläche der Massageliege, die wegen der Ölfestigkeit meistens aus Kunststoff besteht, kann zusätzlich mit einer elektrischen Heizdecke erwärmt werden.

Eine exotische Umgebung kann durch Abbrennen von Räucherstäbchen oder durch eine Öllampe erzeugt werden. Kerzen werden in sicherer Entfernung aufgestellt. Beim Eintreffen des Klienten sollte leise hawaiianische Musik erklingen. Die Wände und der Tisch werden typisch hawaiianisch geschmückt, zum Beispiel mit Blumengirlanden, einzeln hingelegten Blumenblüten oder großen Muscheln. Da die meisten LOMI LOMI NUI-Masseurinnen und Masseure bereits auf Hawaii waren, verfügen sie über ein reichhaltiges Sortiment an schönen Dingen aus dieser herrlichen Inselwelt.

Edelsteine oder Kristalle verstärken die Wirkung der Massage. Auch Aura-Soma-Fläschchen sind wunderschön anzusehen. Ein mit Wasser gefüllter Krug mit Gläsern rundet das anheimelnde Gesamtbild ab. Schon wenn der Klient den Raum betritt, sollte er das Gefühl haben, daß in dieser Umgebung nur angenehme Dinge geschehen können.

Hilfsmittel

Vor der Behandlung prüft der Masseur, ob die Liege die richtige Höhe hat. Sie stimmt dann, wenn er die Hand locker darauf legen kann und Arm und Wirbelsäule dabei gerade bleiben. Er stellt eine ausreichende Menge Massageöl bereit und achtet darauf, daß es Zimmertemperatur hat. Dann schaltet er die Musikanlage auf Wiederholung. Für den Fall, daß der Klient keine Hawaiimusik mag, hält er eine andere entspannende Musik bereit. Ein vorsichtshalber in Reichweite gelegtes Bettlaken zum Abdecken der Schamgegend kommt zum Einsatz, wenn der Klient kein eigenes mitbringt. Außerdem liegen genügend Papiertaschentücher zum Abwischen von Tränen bereit. Eine Uhr wird so aufgestellt, daß der Masseur sie gut ablesen kann. Schließlich sorgt er dafür, daß seine Fingernägel kurz und glatt sind, und legt allen Schmuck ab.

Auf Hawaii verwendet man für die Massage meistens Öl, das aus der Kukui-Nuß gewonnen wird. Dieses Öl steht hierzulande nicht immer zur Verfügung. Eine Ölmischung, die nicht zu schnell in die Haut einzieht, kann zum Beispiel so herstellt werden: 1/2 Anteil Erdnußöl, 1/4 Anteil Kokosöl, 1/4 Anteil Mandelöl. Zusätzlich kann eine kleine Menge Johanniskrautöl beigefügt werden. Johanniskrautöl ist gut für die Wirbelsäule und für die Nerven. Wenn man ein duftendes Massageöl haben möchte, kann man ein naturreines ätherisches Öl, zum Beispiel Neroli oder Narde hinzufügen. Beide wirken entspannend, beruhigend und krampflösend. Neroli ist darüber hinaus gut für das Herz und hilft bei Schockzuständen, Narde ist nervenstärkend und fördert den Kreislauf. Ätherische Öle sollten jedoch nur auf Wunsch beigemischt werden, um allergische Reaktionen auf der Haut des Klienten zu vermeiden.

Besonders stimmungsvoll ist es, wenn man das Öl in einem Ritual mischt. Dazu werden die verschiedenen Öle in eine große Klangschale gegossen. Dann fährt man mit dem Stiel des Klöppels um den Rand der Klangschale herum. Nach kurzer Zeit beginnt die Ölmischung unter den Schwingungen der Klangschale zu vibrieren. In Harmonie mit dem gleichzeitig erzeugten Ton mischt sich das Öl nach und nach und nimmt dabei starke Energien auf. Wenn der Klient genügend Zeit mitbringt, kann er in dieses wunderschöne Ritual einbezogen werden.

Vorgespräch

Wenn der Klient noch nichts über die LOMI LOMI NUI-Massage weiß, muß der Masseur bereits bei der Terminabsprache ein paar wichtige Aspekte dieser Massageform erläutern. Der Klient sollte beispielsweise wissen, daß er während der Massage unbekleidet ist. Nur die Schamgegend wird abgedeckt. Auch sollte er erfahren, daß sein Körper mit Öl eingestrichen wird. Manche Menschen mögen das nicht. Ihnen ist die KAHI LOA-Massage zu empfehlen, die im nächsten Kapitel beschrieben wird.

Unmittelbar vor der Massage ist ein Gespräch mit dem Klienten nützlich, sofern er dazu bereit ist. Der Masseur kann sich im Gespräch ein Bild von den Lebensumständen seines Klienten machen. Dabei werden sich private, berufliche oder gesundheitliche Probleme herauskristallisieren, die bei der Massage besonders berücksichtigt und schwerpunktmäßig angegangen werden können.

Dies alles vollzieht sich vollkommen ohne Zwang. Wenn der Klient vor Beginn der Behandlung erfährt, daß alles in Ordnug ist, wie es ist, und daß niemand erwartet, daß er sich ändert, kann er Ängste und Verkrampfungen leichter loslassen und sich der Massage entspannt hingeben. Dann ist er offen für weitere Erkenntnisse, und die eigentliche Arbeit das LOMI LOMI NUI-Masseurs beginnt.

Im Vorgespräch sagt der Masseur etwas über den Ursprung der LOMI LOMI NUI-Massage und erläutert ihren ungefähren Ablauf. Er weist darauf hin, daß mit der körperlichen Entspannung Emotionen ausgelöst werden können, und bittet den Klienten, seinen Gefühlen freien Lauf zu lassen und sich nicht zu blockieren. Er erklärt, daß die Massage Möglichkeiten eröffnet, von alten Gedankenmustern abzulassen und neue Wege zu beschreiten. In diesem Zusammenhang wird der Klient gebeten, sich Gedanken darüber zu machen, was er ändern oder neu beginnen möchte. Diesen Gedanken hält er während der gesamten Behandlung als Fokus. Dieser Fokus oder Wunsch kann ganz unterschiedlicher Natur sein: Heilung einer Krankheit, Heilung seelischer Schmerzen, Erreichung bestimmter Ziele, sowohl ideell als auch materiell. Die Wahrscheinlichkeit, das Gewünschte auch zu bekommen, ist umso größer, je intensiver das Ziel und der daraus resulierende Nutzen im Auge behalten werden. Der Klient muß verstehen, daß seine Gedanken während der Massage möglichst nicht ins tägliche Einerlei abgleiten, sondern fokussiert bleiben sollten. Der Masseur muß nichts über den Inhalt des vom Klienten fokussierten Wunsches erfahren. Vielen Klienten ist es sehr wichtig, daß ihnen ein persönlicher, geheimer Bereich erhalten bleibt. Dies tut dem Erfolg der Massage überhaupt keinen Abbruch. Der Klient sendet nämlich während der Massage alle Signale aus, die der Masseur benötigt. Dem Klienten wird jedoch empfohlen, alle aus seiner Sicht bedeutsamen Gefühle oder Symbole, die während der Massage auftreten, genau zu registrieren. Sie können auf Wunsch nach der Behandlung vom Masseur tiefergehend analysiert werden.

Nicht jeder Klient ist vor der Massage gesprächsbereit. Manche möchten entweder nicht über ihre Probleme sprechen, oder sie kommen einfach nur, um sich verwöhnen zu lassen und zu entspannen. Die Aufgabe des LOMI LOMI NUI-Masseurs besteht nun darin, sich in den Klienten hineinzuversetzen und eventuell vorhandene Blockaden aufzuspüren.

Bei offensichtlichen Blockaden kann der Masseur die Behandlung entsprechend zielgerichtet durchführen. Versteckte Blockaden hingegen erfordern das ganze Einfühlungsvermögen und die gesamte Erfahrung des Masseurs.

Von äußerster Wichtigkeit ist die erste Begegnung mit dem Klienten. Der erste Eindruck, das erste Einfühlen und damit die Einschätzung aller nachfolgenden Behandlungsaktivitäten ist umfassend und sehr mächtig – und steht nur einmal zur Verfügung! In diesem Moment muß der Masseur spüren, welche Sorgen und Nöte der Klient haben könnte und welche Ziele er verfolgt oder verfolgen möchte. In diesem Augenblick wird auch die Körperhaltung wahrgenommen. Ist der Körper weich und elastisch? Oder wirkt er hart und unbeweglich? Sind einzelne Körperteile auffällig eingeschränkt? Weisen die sichtbaren Körperteile eine gesunde Farbe auf? Wird bewußt(oder unbewußt) etwas zur Schau gestellt? Soll ein bestimmtes Wesen vorgetäuscht werden? Welche weiteren Signale werden ausgesandt?

Es wird ferner festgestellt, ob sich der Klient mit einer „Hülle“ umgibt, die ihn vermeintlich schützt, in Wirklichkeit jedoch häufig abkapselt. In diesem Schutzmantel sind zahlreiche Gefühle und Erlebnisse gespeichert, die es zu erkunden und gegebenenfalls aufzulösen gilt. Der Masseur erfühlt und erahnt, wie offen die Person ihm gegenüber ist und ob sie bereits künstliche Schranken aufgebaut hat. Vielfach resultieren diese Einschränkungen aus frühester Kindheit, als es darum ging, sich einen Schutzmantel gegen die scheinbaren oder auch real vorhandenen Schwierigkeiten des Lebens umzulegen. Der Masseur hat dann die Aufgabe, diesen abweisenden Schutzmantel zu durchdringen und dem Klienten Sicherheit zu geben. Der Klient muß zu der Einsicht gelangen, daß es sich lohnt, offen für das Leben zu sein, und daß die Zukunft unter den neuen Voraussetzungen nach der Behandlung lebenswerter ist, als es davor den Anschein hatte.

Das Vorgepräch kann bereits dazu dienen, die Ziele des Klienten zu ermitteln. Dabei stehen die körperlichen Anzeichen oftmals im krassen Widerspruch zu den verbalen Äußerungen. Eine besondere Aufgabe des Masseurs besteht dann darin, die ausgesandten Signale zu bewerten und für die Behandlung zu interpretieren.

Bei Klienten, die nicht bereit sind, sich frei und offen zu äußern, muß der Masseur besonders behutsame Fragen stellen. Es hat jedoch keinen Sinn, sich penetrant nach persönlichen Schwierigkeiten zu erkundigen. Wenn alle Anzeichen dafür sprechen, daß sich der Klient nicht eindeutig äußern möchte, ist es besser, das Gespräch zu beenden. Im weiteren Verlauf der Behandlung muß der Masseur seinen eigenen Sinnen, Eingebungen und Gefühlen folgen. Der Klient sollte lediglich seinen Fokus halten.

Wie das Vorgespräch auch verläuft, es fördert auf jeden Fall das Vertrauensverhältnis zwischen Masseur und Klient. Immerhin hat der Klient, indem er sich für die Behandlung entschieden hat, eine gewisse Vorleistung erbracht. Aufgabe des Masseurs ist es nun, dem Klienten eine positive Grundstimmung zu vermitteln und das entgegengebrachte Vertrauen zu stärken und auszubauen. Eine Möglichkeit dazu bietet die Einführung in die Huna-Weisheit, die entweder vor oder nach der Massage gegeben werden kann, wenn der Klient Interesse daran hat.

Im Vorgespräch ist auch zu klären, ob der Klient irgendwelche Behinderungen oder nicht sichtbare Verletzungen hat. Dazu gehören starke Kreislaufbeschwerden, Verstauchungen, aber auch Muskelkater durch Überanstrengung in Armen oder Beinen. Der Masseur wird sich dann bei der Behandlung darauf einstellen.

Da die Massage zwei Stunden dauert, sollte der Klient vor Beginn der Behandlung die Toilette aufsuchen.

Anfangsritual

Der Klient bereitet sich auf die Massage vor, indem er sich entkleidet, allen Schmuck entfernt und sich bäuchlings unter ein Bettlaken auf die Massageliege legt. Der Kopf liegt auf der in der Mitte offenen Kopfstütze. Der Masseur hat die Liege vorher schon etwas eingeölt, damit seine Arme während der Massage besser unter den Körper des Klienten greifen können.

Der Masseur richtet die Arme und Beine des Klienten auf der Liege aus: Die Arme werden leicht angewinkelt, die Fingerspitzen liegen unter den Hüftknochen. Die Beine werden gespreizt, die Knie nach außen gedreht. Der Masseur führt zur eigenen Einstimmung noch einmal eine kurze Piko Piko-Atmung durch.

Dann kann die Anfangszeremonie beginnen. Ihr kommt eine besondere Bedeutung zu, da sie die körpereigenen Heilenergien stimulieren soll. Wichtig ist, daß der Masseur hawaiianische Kleidung trägt, wobei die Arme und Schultern für die Massage frei bleiben müssen. Dies kann ein Trägerhemd mit Hose sein oder einfach ein um den Körper gewickeltes hawaiianisches Tuch, das auch eine Masseurin tragen würde.

Sehr stimmungsvoll ist es, wenn der Masseur – wie auf Hawaii üblich - einen weichen Signalton auf einem Muschelhorn bläst. Dies tut er dreimal.

Anschließend wird der Takt zu einem hawaiianischen Lied auf der Ipu, einem kürbisartigen Instrument geschlagen. Geeignete Lieder lernt der Masseur auf Hawaii. Wirkungsvoll ist es auf jeden Fall, den Text der sieben Huna-Prinzipien zur Ipu zu singen: IKE-KALA-MAKIA-MANAWA-ALOHA-MANA-PONO.

Wenn der Masseur auf einer hawaiianischen Nasenflöte spielen kann, ist auch diese Darbietung vor Beginn der Massage sehr eindrucksvoll.

Die einleitende Zeremonie dient auch dazu, Grüße aus Hawaii zu übermitteln und dem Klienten die dort gelebte Liebe, das Aloha, nahezubringen. Die Massage soll in diesem Sinne ein Miteinander und ein Teilen sein.

Nach der Einleitung wird der Klient gefragt, ob er bereit ist, für die nun folgende Massage alle belastenden Gefühle und sonstigen Zwänge loszulassen und sich nur auf seinen Fokus zu konzentrieren. Indem er mit ja antwortet, begibt er sich damit voll und ganz in die Obhut des Masseurs.

Dann beginnt der Masseur mit dem hawaiianischen Gebet zur LOMI LOMI NUI-Massage. Es heißt PULE und ist gesungen am wirkungsvollsten. Wenn religiöse Vorbehalte bestehen, kann auch jedes andere Gebet gesprochen werden. In diesem Gebet wird um Unterstützung gebeten, daß sich Körper, Geist und Seele von Belastungen befreien können, um Raum für die Selbstheilung zu schaffen.

Während des Gebets berührt der Masseur den Körper des unter dem Laken liegenden Klienten leicht mit beiden Händen an einer neutralen Stelle, am besten im Schulterbereich. Er macht damit seine Präsenz deutlich, seine Verbundenheit zum Klienten und kündigt den baldigen Beginn der Massage an. Anschließend verbindet er sich gedanklich mit dem Himmel und mit der Erde.

Wie auch bei der nachfolgenden Massage steht der Masseur sehr locker, mit etwas angewinkelten Knien, aufrechter Wirbelsäule und entspannten Schultern.

Der Wortlaut des Gebets, das auch die Kahunas gesungen haben, ist:

AUHEA NA AUMAKUA	Hört ihr göttlichen Vorfahren und Hohen Selbste
NA AKUA, NA KAHUNA, NA KUPUA	Ihr Götter, Meister und Schamanen
ALOHA MAI, HIKI MAI, HELE MAI	Kommt mit Liebe und Kraft, kommt schnell
E HO'O MAI KA'I	Gebt den Segen
I'KA WAHINE KEIA	Dieser Frau
I'KE KANE KEIA	Diesem Mann
I'KE ALOHA, I'KE KALA, I'KA MALU	Mit Liebe, Freiheit, Frieden,
I'KA MANA, I'KA PONO	Mit Kraft und Weisheit
ALOHA'NO, ALOHA'NO, ALOHA'NO	Segensgruß

Dieser gesungene Segen wirkt heilend auf alle, die am Ritual beteiligt sind.

Das Gebet kann auch allgemein zum Segnen verwendet werden, zum Beispiel für die Kinder (I'NA HEIKI KEIA), die Wohnung (I'KA KAUHALE KEIA), die Tiere (I'NA HOLOHOLONA KEIA) und das Essen (I'NA MEA'AI KEIA).

Mit diesem Gebetsgesang ruft der Masseur den Aloha-Spirit, den guten Geist von Hawaii, sowie die Energien der ganzen Welt, des Universums und der guten Mutter Erde herbei. Er lädt sie ein, während der Massage anwesend zu sein und zu helfen. Er ist sich dieser Mächte bewußt, wenn er in seinem Massageraum, seinem heiligen „Tempel“ mit der Behandlung beginnt. Er weiß um die Heiligkeit seiner Handlung, was nicht bedeutet, daß er ernst sein muß; denn Freude und Spaß am Leben ist das Motto auf Hawaii. Es bedeutet jedoch, daß er die Behandlung ganz bewußt und ernsthaft durchführt.

Nach dem Gebet spürt der Masseur, wie kraftvoll und heilend die von ihm gerufenen Energien sind. Sie bleiben jedoch nur dann machtvoll, wenn er während der gesamten Massage auf diese Kräfte fokussiert ist. Wenn er abschweift, wird die Energie zerstreut.

Der Masseur benutzt zum Massieren also nicht seine eigene Energie, sondern die von ihm gerufenen äußeren Energien des Universums. Diese Heilenergien fließen durch ihn hindurch in den Körper der behandelten Person. Dadurch wird nicht nur dieser Körper entspannt, sondern auch der Körper des Masseurs.

Überblick über den Ablauf der Massage

Massage der Körper-Rückseite

Klient: Zieht sich ganz aus, entfernt den Schmuck und legt sich unter ein Bettlaken bäuchlings auf die Liege, der Kopf liegt auf der Kopfstütze.

Masseur: Richtet Arme und Beine des Klienten aus. Fragt den Klienten, ob er bereit ist, alte Muster loszulassen.

Klient: Beantwortet die Frage und hält den neu gewählten Fokus (das Wunschbild).

Masseur: Singt oder spricht das Gebet. Schlägt das Laken so weit zurück, daß nur noch

das Gesäß des Klienten bedeckt ist. Stellt das Massageöl griffbereit ans Fußende der Liege.
Ölt seine eigenen Hände und Arme sowie den Klienten ein.
Massiert Hinterkopf, Nacken, Rücken und Gesäß.
Dehnt und massiert Arme, Hände und Finger.
Dehnt und massiert Beine, Füße und Zehen.
Drückt die Fersen soweit wie möglich an das Gesäß des Klienten.
Läßt Beine, Füße und Knie im Gelenk kreisen.
Streicht zur Beendigung der Massage auf der Rückseite den ganzen Körper mit langen Bewegungen aus, beginnend an den Füßen und zurück.
Deckt den Klienten zu und läßt ihn ruhen.

Massage der Körper-Vorderseite

Klient: Dreht sich auf den Rücken, Kopf liegt auf der Liege.

Masseur: Entfernt die Kopfstütze. Deckt das Laken bis auf die Schamgegend auf.
Richtet Arme und Beine aus.
Stellt das Massageöl griffbereit ans Fußende der Liege.
Ölt seine eigenen Arme und Hände sowie den Klienten ein.
Fragt bei weiblichen Persoenen, ob die Brust berührt werden darf.
Massiert Gesicht, Kopf, Hals und Nacken.
Massiert den Oberkörper und streicht die Rippen aus.
Massiert den Bauch mit kreisförmigen Bewegungen.
Massiert Schultern, Arme, Ellbogen, Hände

und Finger, lockert die Gelenke, dehnt die Gliedmaßen und läßt sie im Gelenk kreisen. Massiert die Beine.
Winkelt die Beine zum Körper an und läßt sie kreisen.
Winkelt ein Bein an, schiebt es über das andere und massiert Gesäß und Rücken.
Dreht das Bein vorsichtig zurück, lockert es und wiederholt den Vorgang mit dem anderen Bein.
Greift mit beiden Armen unter den Rücken und massiert dort.
Zur Beendigung der Massage auf der Vorderseite streicht er den ganzen Körper mit langen Bewegungen aus, beginnend an den Füßen und zurück.
Deckt den Klienten mit dem Laken zu.
Berührt die Kraftpunkte: eine Hand am Scheitel, die andere nacheinander an Stirn, Hals, Brust, Nabel, Punkt zwischen den Hüften und Schambereich.
Anschließend wandern beide Hände über weitere Kraftpunkte: eine Hand am Kiefer, die andere an der Schulter. Weitere Reihenfolge: Ellbogen, Handgelenk, Hüfte, Knie, Knöchel, Fußsohle.
Streicht in der Luft mit beiden Armen über dem Körper des Klienten zum Kopf, dann zu den Füßen und wieder zum Kopf zurück.
Läßt den Klienten einen Moment ruhen, wobei er dessen Körper leicht berührt.

Klient: Richtet sich auf, dankt, trinkt gemeinsam mit dem Masseur ein Glas Wasser; Abschlußgespräch.

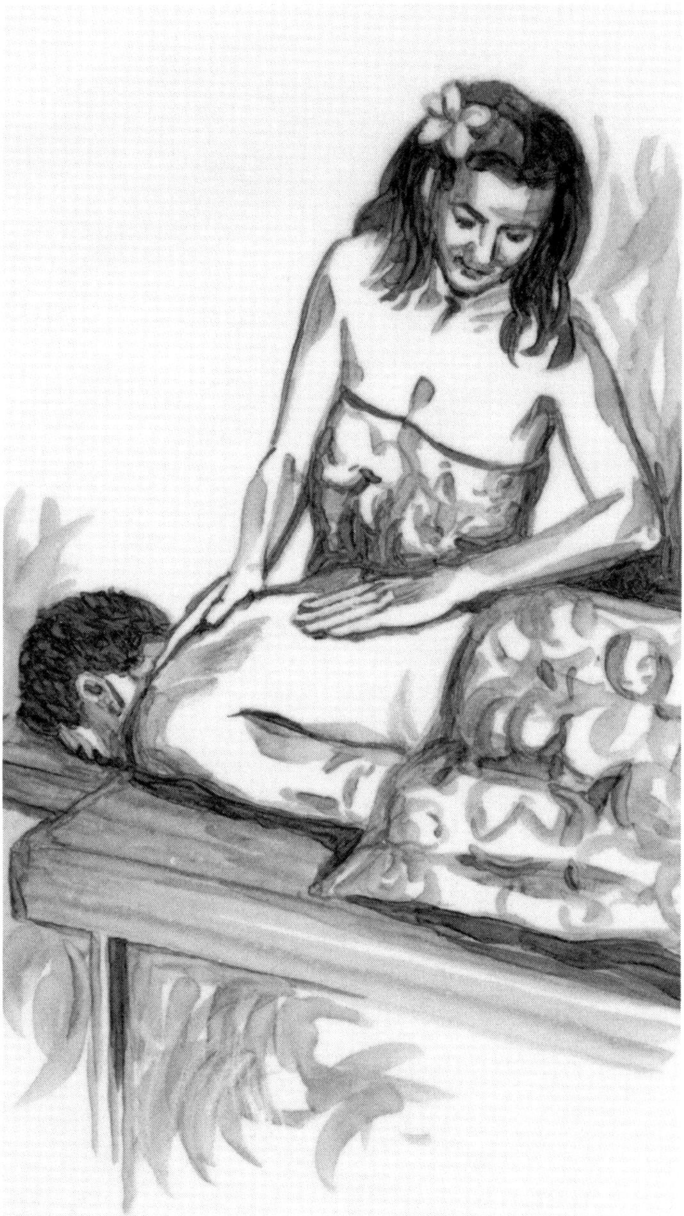

Genaue Schilderung der Massage/ Rückseite des Körpers

Einölen

Der Klient liegt während des ersten Behandlungsabschnitts bäuchlings unter dem Laken auf der Massageliege. Der Masseur richtet den Körper aus. Die Arme werden leicht angewinkelt, die Fingerspitzen unter den Hüftknochen geschoben. Die Beine werden gespreizt, die Knie nach außen gedreht.

Nach Beendigung des Anfangsrituals, also nach dem Gebet, deckt der Masseur das Laken so auf, daß nur noch das Gesäß des Klienten bedeckt ist. Wenn der Klient leicht friert, können die Beine noch bedeckt bleiben, denn zunächst wird nur am Oberkörper gearbeitet. Die Beine müssen dann später eingeölt werden.

Die Flasche mit dem energetisierten Massageöl wird griffbereit ans Fußende der Liege gestellt. Der Masseur gießt sich etwas Öl in die Hand und haucht es mit einem vernehmlichen HA an. Dieses hawaiianische Wort bedeutet „Lebensenergie erfahren“. Durch das Anhauchen wird das Massageöl gesegnet. Der Masseur kann während dieses Vorgangs noch ein kurzes, stilles Gebet zur Energieübertragung sprechen. Diese Zeremonie wiederholt er jedesmal, wenn er neues Öl in seine Hand gießt.

Der Masseur verteilt das Öl zunächst auf seinen Händen und Unterarmen. Mit den Händen und dem weichen Teil der Unterarme ölt er dann die Körperrückseite des Klienten ein. Er beginnt am Kopfende und streicht wiederholt vom Hals aus nach unten über die Schulterblätter, den Rücken und die Arme. Damit signalisiert er den Beginn der Rückenmassage. Am Massageöl darf nicht gespart werden, vor allem nicht bei behaarten Menschen. Je leichter die Hände und Arme über den Körper gleiten, desto genußvoller wird die Massage.

Hinterkopf und Nacken

Die eigentliche Massage beginnt am Kopf. Zuvor wird der Klient gefragt, ob er damit einverstanden ist, daß sein Haar fettig wird. Wenn er zustimmt, wird der Hinterkopf mit den Fingerspitzen zunächst sanft, dann kräftiger massiert. Dies erzeugt ein wohliges Gefühl.

Anschließend wird der Nacken mit beiden Händen massiert. Dazu ballt der Masseur seine Hände zu Fäusten und dreht diese am Hals. Dadurch wird die Durchblutung angeregt und ein Gefühl der Entspannung erzeugt.

Nach der Nackenmassage läßt der Masseur seine Hände wieder ganz entspannt über den Rücken und die Oberarme des Klienten gleiten.

Rücken

Viele Mensche haben im Rücken die meisten Probleme. Hier sitzen oftmals erhebliche Verspannungen und Blokkaden. Die LOMI LOMI NUI-Massage widmet diesem Körperteil ganz besondere Aufmerksamkeit. Durch die Behandlung werden häufig heftige Emotionen beim Klienten ausgelöst.

Aus hawaiianischer Sicht stellt der Rücken die Zukunft des Menschen dar. Grund dafür ist, daß man seinen eigenen Rücken genausowenig sehen kann wie seine eigene Zukunft. Zukunftsängste und Blockaden, die aus der Angst vor dem Unwägbaren resultieren, sind daher meist im Rücken gespeichert. Während der Behandlung räumt der Masseur beiseite, was der Zukunft im Wege steht. Er mildert die Sorgen oder baut sie ganz ab.

Zu Beginn der Rückenmassage streicht der Masseur etliche Male mit beiden Handflächen und Unterarmen leicht über die Schultern, den Rücken, das Kreuz und das Gesäß des Klienten. Diese Bewegung setzt er zwischen den einzelnen Massageabschnitten immer wieder ein, um den Klienten zu beruhigen.

Dann setzt er mit der weichen Unterseite seines Armes auf einer Seite des Nackens an und bewegt diesen Arm parallel neben der Wirbelsäule abwärts. Rechts vom Hals benutzt er den rechten Arm, auf der linken Seite den linken.

Die Schulterblätter dürfen nicht zu stark mit dem Unterarm massiert werden, da dies schmerzhaft ist. Der Masseur kann deshalb erst hinter dem Schulterblatt die volle Breite seines Unterarmes nutzen, wenn er stärkeren Druck ausüben will. Dann streicht er seitlich nach unten über die Hüfte und das Gesäß. Auch auf die Hüftknochen darf kein starker Druck ausgeübt werden. Das Gesäß wird mit drehenden Bewegungen des Unterarms kräftig massiert.

Diese Massage wird mehrfach abwechselnd rechts und links vom Hals ausgehend durchgeführt, im Wechsel zwischen schnellen Bewegungen mit leichtem Druck und langsamen Bewegungen mit festem Druck. Während der Masseur mit einem Arm massiert, streicht er mit der anderen Hand über Hals und Rücken seines Klienten. Während der erste Arm über der Hüfte abdreht, kann der zweite Arm ebenfalls auf dem Rücken entlanggleiten. Es ist wichtig, daß der Körper des Klienten möglichst großflächig berührt wird; dann fühlt er sich angenommen und liebevoll behandelt.

Entdeckt der Masseur an einzelnen Stellen des Rückens oder sonst am Körper Verhärtungen, läßt er seinen Arm ganz langsam und fest über diese Punkte gleiten. Das Gesäß eignet sich immer für diese Art der Massage. Nach einer langsamen und festen Massage werden stets schnelle, leichte Bewegungen über derselben Körperstelle ausgeführt, um die freigesetzten Verspannungen abzuleiten. Zusätzlich führt der Masseur dem Klienten starke Energien zu, indem er seine Unterarme mehrfach in Form des machtvollen Zeichens einer liegenden Acht, der Lemniskate, über den Rücken gleiten läßt.

Auch auf der Wirbelsäule wird mit den Unterarmen massiert, wobei der Masseur dem Kreuzbein-Steißbeinbereich besondere Aufmerksamkeit schenkt. Dieser Bereich ist häufig durch gespeicherte Ängste und Schmerzen blokkiert. Langsames, gefühlvolles, aber auch stärkeres Massieren an diesem Punkt führt oft zu einer emotionalen Erlösung.

Der Masseur kann mit dem Unterarm auch von der Hüfte ausgehend entlang der Wirbelsäule zum Kopf massieren. Wenn starker Druck ausgeübt wird, müssen die empfindlichen Schulterblätter durch Strecken des Armes umfahren werden.

Zum Abschluß der Rückenmassage wird der ganze Rücken schnell und leicht mit Händen und Unterarmen ausgestrichen.

Arme und Hände

Armen und Händen wird in der Massage viel Aufmerksamkeit gewidmet, denn Störungen im Energiefluß wirken sich bis in die Fingerspitzen aus. Zunächst wird ein Arm des Klienten von der Liege gehoben und sanft seitlich gedehnt und gestreckt. Hierbei lehnt der Masseur seinen Körper zurück, er arbeitet nicht mit Kraft. Dann läßt er den Arm des Klienten seitlich von der Liege herunterhängen, nimmt erst den Oberarm in beide Hände und massiert ihn, dann den Unterarm. Massiert wird mehrmals hintereinander mit den flachen Händen, wobei jeweils eine Hand massiert und die andere nachgreift. Schultern und Ellbogen werden in die Massage einbezogen. Indem er den Arm leicht schlackern läßt, stellt der Masseur fest, ob der Klient im Arm und in der Hand auch wirklich locker ist.

Danach wird der Arm wieder leicht angewinkelt auf die Liege gelegt und weiter massiert. Dazu benutzt der Masseur auch den weichen Teil seines Unterarms.

Nun wird zuerst die Hand gestreckt, gedehnt und kräftig durchgeknetet, dann die Finger. Jedem einzelnen Finger wird genügend Aufmerksamkeit geschenkt, er wird ausgiebig geknetet, gezupft und gedreht. Außerdem läßt der Masseur jeden einzelnen Finger kreisen, was eine angenehme Spannung im Arm zur Folge hat. Die Häutchen zwischen den Fingern werden ebenfalls massiert. Nach jedem Massageabschnitt läßt der Masseur den Arm des Klienten leicht schaukeln, um ihn zu entlasten.

Dann wird der Oberarm am Schultergelenk angehoben, damit das Schulterblatt stark hervortritt. Der Arm des Masseurs liegt dabei auf der Liege. Der Masseur greift nun weit unter das Schulterblatt und fährt mit den Fingerspitzen seiner flachen Hand ganz langsam unter dem Schulterblatt entlang von oben nach unten. Dadurch werden in diesem Bereich Ablagerungen gelöst und Verspannungen beseitigt.

Zum Abschluß dieses Teils werden Rücken, Schultern und Arme mit beiden Händen ausgestrichen, um die gelösten Verspannungen abzuleiten. Wenn er es gefühlsmäßig für erforderlich hält, arbeitet der Masseur nochmals intensiv am Rücken des Klienten, auch mit Druck auf die Wirbelsäule und von unten nach oben. Danach wird der gesamte Ablauf mit dem anderen Arm wiederholt.

Beine

Zuerst werden die Beine eingeölt, falls dies eingangs noch nicht geschehen ist. Dazu benutzt der Masseur seine eingeölten Hände und Unterarme. Immer, wenn er Öl aus der Flasche nimmt, haucht er es in seiner Hand an, um es zu segnen. Wenn der Klient leicht friert, kann sein Oberkörper mit dem Laken abgedeckt werden.

Nun wird das erste Bein mit den Händen und Unterarmen massiert, zuerst der Oberschenkel, dann der Unterschenkel. Dann legt der Masseur den Fuß des Klienten auf seine Schulter, um das Bein mit beiden Unterarmen gleichzeitig massieren zu können.

Dann wird das Bein wieder auf die Liege gelegt und mit beiden Händen gestreckt. Gleiches geschieht mit dem Fuß und jedem einzelnen Zeh. Die Füße werden kräftig durchgeknetet, bis sie warm, geschmeidig und gut durchblutet sind, genau wie jeder einzelne Zeh. Dazu wird der Fuß leicht angehoben. Ein Zeh nach dem anderen wird gezupft, abgespreizt, nach oben und unten bewegt und leicht im Kreis gedreht. Mit den Fingerspitzen fährt der Masseur seitlich an jedem Zeh entlang. Dann faßt er alle Zehen gleichzeitig an und biegt sie nach oben und unten.

Die Fußsohlen werden zunächst kreisförmig mit den Fingerspitzen und Daumenballen massiert und dann ebenfalls kreisförmig mit der Faust. Der Druck auf die Fußsohlen darf auf keinen Fall so stark sein, daß die Massage Unbehagen oder gar Schmerzen hervorruft. Andererseits darf er auch nicht so schwach sein, daß die Berührung ein Kitzeln auslöst.

Der Masseur setzt die Massage der Füße fort, indem er mit den Fingern an den Sehnen entlangstreicht, die vom Fußgelenk zu den Zehen führen. Das Kneten am Zehenansatz schafft Wohlbehagen. Dann wird über die Fußoberseite von den Zehen bis zum Knöchel und wieder zurück gestrichen. Dem Knöchel wird besondere Aufmerksamkeit geschenkt, weil hier einer der hawaiianischen Kraftpunkte sitzt. Wenn die Füße gut entspannt sind, dreht der Masseur jeden Fuß einzeln in kleinen Kreisbewegungen. Dabei dürfen die Bänder und Sehnen natürlich nicht überfordert werden. Zum Abschluß dieser Fußmassage nimmt der Masseur jeden Fuß einzeln in beide Hände und läßt die Energien fließen.

Um die Gelenke zu dehnen, wird nun der Unterschenkel des Klienten angehoben und mit einer langsamen, kreisenden Bewegung im Kniegelenk bewegt, erst in die eine, dann in die andere Richtung. Gleiches geschieht mit dem Fuß im Fußgelenk.

Zum Abschluß wird das ganze Bein im Hüftgelenk gedehnt. Dazu faßt der Masseur das Bein am Fußgelenk an und drückt es soweit wie möglich gegen das Gesäß. In dieser Stellung führt er es in einer langsamen, kreisenden Bewegung in beide Richtungen.

Allen langsamen, bis an die Grenze gehenden Dehnungen der Gelenke folgt eine schnelle und lockere Kreisbewegung, um gelöste Verspannungen abzuleiten. Zum Schluß werden die Beine mit leichten Massagestrichen massiert, um letzte Anspannungen zu beseitigen.

Dieser Massageabschnitt wird mit dem zweiten Bein wiederholt.

Abschluß Rückseite des Körpers

Zum Abschluß der Massage auf der Rückseite des Körpers werden sämtliche gelösten Verspannungen mehrmals mit langen Bewegungen ausgestrichen – zunächst auf einer Körperhälfte, dann auf der anderen. Die Bewegungen sind zunächst ganz langsam, werden aber allmählich immer schneller. Mit dem Ausstreichen beginnt man an den Füßen und fährt über die Beine zum Gesäß, über den Rücken zu den Armen und wieder zurück. Dabei bestreicht der Masseur mit seinen Händen und Armen soviel Körperfläche des Klienten wie irgend möglich, um eine gute Ableitung der aufgelösten Energien zu erreichen. Dann deckt er den Klienten zu und gönnt ihm eine kurze Ruhepause. In dieser Pause berührt er den Rücken des Klienten leicht, um den Körperkontakt aufrechtzuerhalten.

Genaue Schilderung der Massage/ Vorderseite des Körpers

Einölen

Nach der kurzen Ruhepause dreht sich der Klient auf den Rücken. Sein Kopf liegt nun nicht mehr auf der Kopfstütze, sondern direkt auf der Massageliege. Der Masseur erinnert den Klienten an den eingangs gewählten Fokus.

Das Umdrehen muß sehr sachte erfolgen, da der Klient von den vorhergehenden Prozessen und vom langen Liegen mit dem Gesicht in der Kopfstütze etwas benommen sein kann. Der Masseur hilft ihm beim Umdrehen und hält auch das Laken, mit dem er ihn zunächst wieder zudeckt. Die Kopfstütze wird abgebaut.

Das Laken wird wieder so weit zurückgeschlagen, daß die Schamgegend bedeckt bleibt. Wenn der Klient leicht friert, können die Beine zunächst zugedeckt bleiben.

Nun wird der Körper des Klienten ausgerichtet. Die Arme werden leicht angewinkelt und die Fingerspitzen unter das Gesäß geschoben. Die Beine werden gespreizt.

Die Flasche mit dem Massageöl wird griffbereit ans Fußende der Liege gestellt. Dann gießt sich der Masseur das Öl in die Hand, haucht es zur Segnung mit einem vernehmlichen Laut an und verteilt es auf seine Hände und Unterarme.

Anschließend ölt der Masseur mit seinen Händen und Unterarmen den Körper des Klienten ein, ausgehend vom Kopf. Wenn die Beine zunächst zugedeckt bleiben, müssen sie später eingeölt werden. Frauen sind immer zu fragen, ob die Brust berührt werden darf. Die Brustwarzen werden bei Frauen grundsätzlich nicht berührt. Wenn eine Klientin nicht damit einverstanden ist, daß ihre Brust berührt wird, spürt sich der Masseur gedanklich in diesen Körperbereich hinein und nimmt ihn sich zur weiteren feinstofflichen Behandlung vor.

Nach alter hawaiianischer Überlieferung steht die Vorderseite eines Menschen für seine Vergangenheit. Mit der Vergangenheit geht der Masseur besonders behutsam um. Noch nicht abgearbeitete Ereignisse treten während der LOMI LOMI NUI-Massage klarer zutage und können aufgelöst werden.

Die Massage der Vorderseite wird durch lange Streichungen eingeleitet. Der Masseur steht am Kopfende und streicht langsam und sanft mit beiden Händen und Armen am Hals entlang über den gesamten Oberkörper, den Bauch, die Taille und zurück über die Schultern zu den Armen und Händen. Die vielen langen Streichungen, die immer wieder während der LOMI LOMI NUI-Massage eingesetzt werden, unterstützen den Energiefluß im Körper auf allen Ebenen.

Kopf, Gesicht, Hals und Nacken

Der Masseur beginnt wieder am Kopf des Klienten und massiert ihn nochmals kräftig mit den Fingerspitzen. Dabei wird die Kopfhaut gedrückt und gedehnt. Dies erzeugt ein warmes, wohliges Gefühl auf der Kopfhaut.

Sehr wichtig ist die Massage der Gesichtspartie. Vom Gesicht aus fließt ausgleichende Energie, die eine Entspannung des ganzen Körpers einleitet. Die so erzeugte Harmonie bewirkt auch die Entwicklung einer gut schwingenden Aura, die den Körper wie ein Schutzmantel umhüllt und das Charisma eines Menschen ausmacht. Eine intakte Aura signalisiert großes Selbstbewußtsein sowie eine positive Lebenseinstellung und zieht stets gleiche Energien an.

Das Gesicht wird nicht mit Massageöl behandelt. Öl ist Balsam für die Körperhaut, aber im Gesicht kann es allergische Reaktionen auslösen. Der Masseur behandelt zunächst die Stirn mit den Fingerkuppen beider Hände. Er drückt und dehnt die Haut mit kreisenden Bewegungen von der Nasenwurzel ausgehend nach außen. Anschließend wird die Stirn ausgestrichen. Dazu hält der Masseur die Haut an der Schläfe mit einer Hand fest und streicht mit der anderen in die entgegengesetzte Richtung. Zum Schluß legt der Masseur unter leichtem Druck beide Hände auf die Stirn.

Die Schläfen werden mit kreisenden Bewegungen der Fingerkuppen in Form einer liegenden Acht massiert. Dann werden beide Augenbrauen durchgeknetet. Anschließend umfährt der Masseur die Augenhöhlen am Knochen, und zwar langsam, links und rechts gleichzeitig mit einem Finger. Dabei dürfen die Augäpfel nicht berührt werden.

Dann wird die Nase sowie der darunterliegende Bereich leicht massiert, und die Lippen werden leicht gestreichelt. Die Wangen und das Kinn (Ausdruck des Selbstwertgefühls) werden als nächstes durchgeknetet. Am Ober- und Unterkiefer fährt der Masseur, ausgehend von den Ohren, mit den Fingern entlang. Dann umschließt er mit beiden Händen den Hals und massiert sanft vom Halsansatz bis zum Kinn und wieder zurück. Danach werden die Ohren kräftig durchgeknetet. Das Kneten der Ohrläppchen muß sanft erfolgen und erzeugt ein großes Wohlgefühl. Auch der Bereich hinter den Ohren wird berührt. Hier sind häufig Verspannungen gespeichert. Zum Abschluß der Gesichtsmassage streicht der Masseur mit beiden Handflächen mehrmals sanft über das Gesicht. Die Gesichtsmassage hat eine besonders entspannende Wirkung und hilft, Ängste, Sorgen und Hemmungen abzubauen.

Bei vielen Menschen sind Hals und Nacken verspannt. Daher wird diesem Bereich in der LOMI LOMI NUI-Massage ebenfalls sehr viel Aufmerksamkeit geschenkt. Der Masseur stellt sich ans Kopfende der Massageliege und greift mit einer Hand unter den Hinterkopf des Klienten, die andere Hand legt er fest auf seine Stirn. Dann zieht er den Kopf hoch, kippt ihn nach vorn und legt ihn auf seinen Bauch. In dieser gedehnten Position wird der Nacken mit streichenden Bewegungen über die Wirbel massiert, wobei die Hände einander in stetigem Fluß abwechseln.

Dann nimmt der Masseur den Hinterkopf des Klienten wie eine Schale in beide Hände und legt die Hände auf der Massageliege ab. Die folgende Massage wird mit einer Hand durchgeführt. Zuerst wird der Bereich über den Nackenwirbeln durchgeknetet: mit drehenden Bewegungen der Finger von der Schultergegend aus bis hoch zum Kopf. Wenn der Haaransatz erreicht ist, führt der Masseur kraulende Bewegungen durch. Dann knetet er den Nacken ein paar Zentimeter seitlich der Halswirbelsäule ein zweites Mal in gleicher Richtung, noch im festen Muskelbereich. Zuletzt bestreicht er, wieder ein paar Zentimeter weiter, den weichen Bereich des Halses mit der flachen Hand, ausgehend vom Schlüsselbeinbereich bis hinter das Ohr. Dieser Vorgang wird mehrfach auf derselben Halsseite wiederholt und beginnt anschließend auf der anderen von vorn.

Zur Fortführung der Hals- und Nackenmassage greift der Masseur mit einer Hand unter den Nacken des Klienten und legt seinen Kopf auf die Seite. Die andere Hand des Masseurs streicht nun mit langsamen, festen Bewegungen vom Nacken über den Hals zum Schulterbereich und wieder zurück über den Hals bis zum Nacken. Dabei wird die Schulter kräftig gedehnt. Unter dem Nacken treffen sich die Hände des Masseurs. Der Kopf des Klienten wird nun sanft auf die andere Seite gedreht, und die andere Hand massiert die andere Seite in gleicher Weise. Dieses Hin und Her der Massagebewegung vollzieht sich in einem ruhigen, gleichmäßigen Fluß.

Zum Schluß nimmt der Masseur den Kopf des Klienten in beide Hände, hebt ihn ein wenig an und bewegt ihn in

Form einer liegenden Acht. Diese Bewegung führt er mehrfach langsam aus, erst in eine Richtung, dann in die andere. Dann wird der Kopf sanft auf der Liege abgelegt.

Brust

Zunächst stellt der Masseur mit beiden Händen einen leichten Kontakt zur Brust des Klienten her und kündigt damit an, daß er nun diesen Körperbereich massieren möchte. Er arbeitet ohne Kraftanstrengung aus dem Schultergelenk heraus. Bei Frauen muß im Brustbereich vorsichtiger gearbeitet werden als bei Männern. Das zarte Gewebe des weiblichen Busens darf auf keinen Fall gedrückt oder gezerrt werden.

Zum Auftakt streicht der Masseur mit beiden Händen leicht über die Brust des Klienten, und zwar ausgehend vom Halsansatz zwischen den Brustwarzen nach unten bis zur Taille. Von da aus führt er seine Hände dann seitlich wieder zurück. Auf Frauen wirkt es besonders stimulierend, wenn eine Hand des Masseurs in der Mitte der Brust hinabgleitet, während die andere Hand gleichzeitig die Brust außen umfährt. Der Schulterbereich ist immer in diesen Massageabschnitt einzubeziehen.

Im Anschluß daran wird die Massage ähnlich durchgeführt wie auf dem Rücken, nur wesentlich sanfter. Der Masseur setzt seinen Unterarm neben dem Hals des Klienten an und gleitet etwa in Brustmitte mit gestrecktem Arm abwärts. Am Ende des Brustkorbs winkelt er den Unterarm an und massiert um die letzte Rippe herum bis in den Hüftbereich. Die zweite Hand gleitet auf der anderen Körperhälfte entlang, zum Beispiel im Schulterbereich. Diese Massage wird mehrmals mit dem rechten Arm auf der rechten Seite und mit dem linken Arm auf der linken Seite durchgeführt. Zum Schluß werden die gelösten Verspannungen mit den Handflächen zu beiden Seiten des Körpers ausgestrichen.

Anschließend streicht der Masseur abwechselnd mal mit der rechten, mal mit der linken Hand am Brustbein entlang nach unten, wobei er etwas mehr Druck ausübt. Dann bearbeitet er den Brustkorb, zunächst mit leichten Massagestrichen, die er mit Händen und Armen ausführt. Dann fährt er mit den Fingerspitzen einer Hand und etwas festerem Druck langsam zwischen den einzelnen Rippen entlang – erst auf der rechten Seite des Brustkorbs, dann auf der linken. Der Masseur achtet darauf, daß weder bei Frauen noch bei Männern auf der Brustwarze massiert wird.

Durch diese Behandlung wird der Brustkorb geöffnet, und es entsteht ein Gefühl von Freiheit. Dadurch, daß die Verspannungen in der Brust gelöst werden, lockert sich die Muskulatur bis in die Schultern hinein, so daß diese nicht mehr nach vorn gedrückt werden, sondern nach hinten fallen. Dies führt zu einer geraden Körperhaltung. Außerdem können die entspannten Muskeln die Brust beim Atmen viel weiter anheben. Die Lungen haben jetzt mehr Platz, um lebenspendende Atemluft aufzunehmen.

Bei manchen Klienten ist es nicht möglich, die Rippen zu ertasten. Der Masseur arbeitet dennoch mit den Fingerspitzen in diesem Körperbereich und erzielt dieselbe entspannende Wirkung. Die Rippenmassage kann man auch als Selbstbehandlung durchführen!

Bauchbereich

Eine weitere wichtige Massagezone ist der Magen- und Bauchbereich. Hier werden Ärger, Frust und Streß gespeichert und können in vielen Fällen nicht abgebaut oder weiter verarbeitet werden. Im Bauchbereich zeigt sich die Verletzlichkeit eines Menschen, ebenso das Vertrauen des Empfangenden in den Gebenden. Die Bauchmassage ist besonders feinfühlig durchzuführen, da überwiegend weiche Muskulatur bearbeitet wird. Bauch und

Darm sind einfache, aber wichtige Energieträger. Während der Massage können in diesem Bereich Geräusche zu hören sein, die Rückschlüsse auf den Grad der Entspannung zulassen.

In der LOMI LOMI NUI-Massage wird besonderer Wert auf richtiges, kräftiges Atmen gelegt. Atem ist Leben! Der Bereich des Zwerchfells wird daher mit größter Aufmerksamkeit behandelt, um zu bewirken, daß die Atmung ruhig, gleichmäßig und natürlich wird.

Der Masseur bearbeitet den Bauchbereich zunächst mit sanften, auch kreisenden Massagebewegungen des Unterarmes. Anschließend massiert er den Bauch mit den Handflächen von einer Seite zur anderen. Dann wird mit den Fingerkuppen auf der Bauchdecke langsam eine Spirale im Uhrzeigersinn entsprechend dem Darmverlauf beschrieben, ausgehend vom Bauchnabel. Bei Durchfall erfolgt die Bewegung in entgegengesetzter Richtung. An der empfindlichen Leiste wird nur sanft mit den Handflächen massiert.

Besondere Beachtung wird der Taille geschenkt, da die Berührung dort als sehr angenehm empfunden wird und eine gewisse Standfestigkeit vermittelt. Zum Abschluß der Bauchmassage wird wieder sanft mit dem Unterarm über den ganzen Bauch massiert. Um Harmonie und Wohlbehagen in diesem empfindlichen Bereich zu fördern, legt der Masseur zum Schluß beide Hände sanft auf die Bauchdecke und läßt sie dort eine Weile liegen.

Arme

Durch die Massage der Arme und Hände werden häufig tiefsitzende Emotionen ausgelöst, besonders bei Männern. Sie gelten als stark, dürfen keine Gefühle zeigen und schon gar nicht weinen. Das ist jedenfalls immer noch die landläufige Meinung in westlichen Kulturen. Ganz anders auf Hawaii, wo jeder seinen Gefühlen freien Lauf lassen kann und das auch tut. „Loslassen“ ist daher das Motto dieses Massageabschnitts.

Um den Beginn der Armmassage anzukündigen, streicht der Masseur zunächst mit beiden Händen leicht über die Haut eines Armes. Besonders die empfindliche Innenseite, die nach dem Motto „Haltung bewahren, Hände an die Hosennaht“ meist verdeckt ist, nimmt jede Streicheleinheit dankbar an und signalisiert dabei ein Gefühl von Unabhängigkeit.

Dann hebt der Masseur den Arm des Klienten an und schaukelt ihn leicht hin und her. Damit prüft er, ob der Arm auch wirklich locker ist, ob der Klient wirklich alles losläßt. Gerade in den Armen ist oft ein erheblicher Mangel an Flexibilität festzustellen, wobei die Flexibilität der Gelenke auch generell für die Flexibilität im täglichen Leben steht.

Der Masseur ist sich bewußt, daß Arme und Hände Empfänger für sensible Botschaften sind. Vielen Klienten fällt es schwer, dem Masseur ihren Arm vertrauensvoll zu überlassen. In diesen Fällen nimmt der Masseur den Arm des Klienten in beide Hände, wiegt und streichelt ihn liebevoll und bewegt Finger und Handgelenk sanft, bis sich Vertrauen einstellt. Dann läßt er den Arm des Klienten wieder auf die Liege sinken und massiert zunächst die Hand und die Finger. Er legt die Hand des Klienten auf seine Hand und fährt mit einer Fingerkuppe der anderen Hand sanft auf den Sehnen entlang, die von der Handwurzel bis zum ersten Gelenk der Finger verlaufen. Dann gleitet seine Fingerkuppe von der Handwurzel bis in die Zwischenräume zwischen den Fingern. Er streicht zart entlang der Fingerinnenseite von den Häutchen zwischen den Fingern ausgehend bis zur Fingerspitze und auf der anderen Seite des Fingers wieder zurück.

Dann läßt er die ganze Hand im Handgelenk kreisen, biegt sie nach außen und massiert die Handfläche kräftig mit den Daumenkuppen. Dadurch wird die Hand elastisch und geschmeidig. Um dies noch zu unterstützen, werden die Handgelenke ebenfalls intensiv massiert.

Der Masseur setzt die Massage am Ellbogen fort. Anschließend massiert er den Unter- und Oberarm sowie den Schulterbereich mit beiden Händen und Unterarmen. Durch Ziehen an der Hand und am Arm werden die Armgelenke nochmals gedehnt. Außerdem läßt der Masseur den Arm im Schulter- und Ellbogengelenk rechts- und linksherum kreisen. Die Achselhöhle wird mit den Fäusten und leichtem Druck massiert. Wenn ein Klient behaart ist, muß der Masseur darauf achten, daß der Bereich gut eingeölt ist und die Haare nicht schmerzhaft gezerrt werden. Der andere Arm wird in gleicher Weise massiert.

Durch die folgende Behandlung der Armgelenke sollen die Gelenke nicht nur gedehnt, sondern auch „geöffnet“ werden, damit der Arm anschließend so frei beweglich ist wie „am Ursprung der Schöpfung“. Es wird immer nur an einem Arm gleichzeitig gearbeitet.

Der Arm des Klienten wird locker nach oben gehalten, so daß der Oberarm zum Oberkörper und der Unterarm zum Oberarm jeweils einen rechten Winkel bildet. Der Masseur nimmt eine günstige Position neben der Liege ein und bittet um die hohe MANA LOA-Energie für eine erfolgreiche Behandlung.

Dann prüft er nochmals, ob der Klient auch wirklich losläßt und seinen Arm völlig zur Behandlung überläßt. Dazu wird der Arm einige Male spielerisch im Kreis bewegt. Der Arm darf nicht so tief gehalten werden, daß er auf dem Massagetisch aufliegt. Er muß immer locker festgehalten werden, denn selbst das leichteste Aufschlagen auf den Massagetisch würde zu einer Verunsicherung des Klienten führen.

Der erhobene Arm wird nacheinander in zwei Richtungen bewegt: nach hinten und nach vorn. Als erstes erfolgt

die Bewegung nach hinten wie beim Rückenschwimmen. Dabei zeigt der Ellbogen in Richtung Füße, die Hand in Richtung Kopf. Wenn der rechte Arm behandelt wird, nimmt der Masseur den Ellbogen in seine rechte Hand und führt mit der linken die rechte Hand des Klienten. Wichtig ist, daß der Masseur seine Hände nicht über Kreuz führt.

Ober- und Unterarm bleiben im rechten Winkel. Am Ellbogen gibt der Masseur nun einen leichten Druck zur Körpermitte, während er die Hand des Klienten zu sich heranzieht. Durch diese Hebelbewegung entsteht eine Spannung und Dehnung im Arm. Der Klient soll die Dehnung gut spüren, aber keinen Schmerz empfinden. Die Behandlung muß immer wohltuend bleiben. Der Masseur achtet auf das Feedback des Klienten. Kommt keine eindeutige Reaktion, fragt er ihn, ob die Dehnung zu stark oder zu schwach ist.

Der Arm wird unter Beibehaltung der Dehnung langsam in einem Kreisbogen zur Körpermitte hin über Brust und Kopf nach hinten geführt. Über dem Kopf wird das Handgelenk gelöst. Der Klient ist dann bereit, den Arm zu strecken. Anschließend läßt der Masseur den Arm noch einige Male ohne Dehnung locker in gleicher Richtung kreisen. Danach wird diese Art der Dehnung ein zweites Mal ausgeführt. Zum Schluß folgt nochmals das lockere Kreisen. Dann wird der Arm- und Schulterbereich zur Entspannung nochmals massiert, und zwar mit leichtem Druck nach unten über die Hand. Der Arm wird noch einen Moment in dieser Position unter Spannung gehalten, damit alle gelösten Energien abfließen können.

Die zweite Drehung des Armes erfolgt in Richtung der Füße nach vorn. Wieder bilden Oberkörper – Oberarm und Oberarm – Unterarm jeweils einen rechten Winkel. Nun zeigt der Ellbogen in Richtung Kopf, die Hand in Richtung Füße. Die Handstellung des Masseurs bleibt unverändert. Der Masseur läßt den Arm des Klienten zunächst wieder locker nach vorn kreisen, um zu testen, ob dieser wirklich alle Anspannungen losläßt und nichts zurückhält.

Der Arm wird unter Beibehaltung der Dehnung im Kreisbogen über den Kopf nach vorn geführt. Am Ellbogen wird mit einer Hand Druck in Richtung Körpermitte ausgeübt, die andere Hand führt die Hand des Klienten. Der Masseur achtet stets auf die Atmung des Klienten. Wenn sie ungleichmäßig wird, ist die Dehnung zu stark, und die Behandlung schmerzt.

Im Anschluß an die Dehnung läßt der Masseur den Arm wieder locker in gleicher Richtung kreisen. Dabei kann die Hand des Klienten entpannt nach vorn überkippen und so das Handgelenk entlasten. Der Arm wird ein zweites Mal gedehnt, indem er über den Kopf in Richtung Füße geführt wird.

Dann wird der so behandelte Arm unter Einbeziehung des Schulterbereichs massiert, und zwar mit leichtem Druck nach unten. Die gelösten Verspannungen werden über die Fingerspitzen ausgestrichen, und der Arm wird einen Moment unter Spannung festgehalten, damit alle gelösten Energien abfließen können.

Im Anschluß daran wird der linke Arm in gleicher Weise behandelt. Der linke Ellbogen des Klienten ruht nun in der linken Hand des Masseurs, die rechte Hand des Masseurs führt die linke Hand des Klienten.

Oft ist es beim ersten Mal nicht zu bewerkstelligen, daß die Arme des Klienten einen großen Kreis beschreiben und richtig gestreckt werden. Dies ist häufig erst bei der zweiten Dehnung möglich, bei besonders starken Verspannungen sogar erst nach mehreren Behandlungen.

Wenn die Beine bisher noch zugedeckt waren, werden sie nun eingeölt. In jedem Massageabschnitt wird immer erst ein Bein behandelt, dann das andere. Zunächst erfolgen lange Streichungen über das ganze Bein, dann wird es mit Händen und Unterarmen massiert. Auf den Oberschenkel kann kräftiger Druck ausgeübt werden, auf dem Schienbein darf nicht massiert werden, da dies schmerzhaft wäre. In ausgestreckter Lage wird das Beine leicht gezogen und gedehnt, um angestaute Verspannungen zu lockern. Diese streicht der Masseur dann zur Fußspitze hin aus.

Die Knie sind ein äußerst sensitiver Bereich und mit entsprechender Vorsicht zu massieren. Zunächst läßt der Masseur seine Fingerspitzen rund um die Kniescheibe kreisen. Dann drückt er sanft mit Daumenkuppen und Fingerspitzen in die Vertiefungen rund um das Knie. Abschließend massiert er das Knie mit weichen, einfühlsamen Streichbewegungen.

Um leichter massieren zu können, winkelt der Masseur das Bein des Klienten an und legt es über seinen Oberschenkel. Das eigene Bein hat er dabei im Knie angewinkelt auf der Liege placiert. Er kann das Bein des Klienten auch über seine Schulter legen. In dieser Haltung werden die Oberschenkel und die Waden rundherum mit beiden Unterarmen intensiv und mit kräftigem Druck massiert. Die Wadenmuskulatur wird vorher durch leichtes Schütteln des Beines gelockert. Im Anschluß daran wird das zweite Bein behandelt.

Der nächste Massageschritt ist das Dehnen der Beingelenke. Beim Beinkreisen wird das Bein soweit wie möglich in Richtung Brustkorb gedrückt. Dazu hält der Masseur den Fuß des Klienten mit einer Hand an der Fußsohle fest; hier kann er den größten Druck ausüben. Die andere Hand liegt am Knie und hält das Bein so, daß es nicht zur Seite fällt. Wie weit das Bein gedehnt werden kann, ist

stark von der behandelten Person abhängig. Bei sehr beweglichen und trainierten Menschen kann man das Knie bis an die Nasenspitze führen. Der Masseur muß die jeweilige Belastungsgrenze seines Klienten erspüren oder um ein Feedback bitten.

Der Masseur drückt nicht mit den Armen, sondern aus der Körperbewegung heraus. Seine Füße sind fest mit der Erde verwurzelt. Aus dieser Verbindung bezieht er die erforderliche Energie.

Auch beim anschließenden Beinkreisen achtet der Masseur darauf, daß seine Wirbelsäule gerade und sein Oberkörper weich bleibt. Die Kraft, die er aufwendet, kommt aus seinen fest auf dem Boden stehenden Füßen und den angewinkelten Knien. Nur so kann er eine gefühlvolle Dehnung bewerkstelligen.

Das Bein wird in zusammengedrücktem Zustand am Knie langsam zur Außenseite des Körpers geführt und im größtmöglichen Kreisbogen zur Streckung gebracht. Bevor er es wieder auf die Liege legt, greift eine Hand des Masseurs in die Kniekehle, die andere an die Ferse. An den Kniekehlen geht er sehr behutsam vor, da die meisten Menschen hier sehr druckempfindlich sind. Nachdem er das Bein gestreckt hat, läßt er es noch einmal locker in gleicher Richtung kreisen und streicht anschließend die gelösten Verspannungen über die Fußspitzen aus.

Dann wird das Bein erneut zur Brust gedrückt und im Kreisbogen über den Körper nach unten geführt. Wenn erforderlich, steigt der Masseur bei dieser Behandlung auf die Massageliege, um die Drehung besser ausführen zu können. An der Reaktion des Klienten, zum Beispiel einem leichten Zucken, spürt der Masseur, wann die Behandlung schmerzhaft wird.

Die letzte Drehung wird so weit geführt, daß das angewinkelte Bein über dem anderen Bein zu liegen kommt. Der Oberschenkel und der Rücken des Klienten sind dann gut dargeboten und können in kräftigen Strichen mit dem Unterarm massiert werden. Dabei wird der Klient am Becken festgehalten. Manchmal ist es aus Stabilitätsgründen erforderlich, das untere Bein des Klienten weiter in die Mitte der Liege zu ziehen. Danach wird das obere Bein vorsichtig zurückgedreht, gestreckt und sorgsam auf der Liege abgelegt. Der Masseur achtet darauf, daß die Schamgegend des Klienten weiterhin mit dem Laken bedeckt ist. Der Oberkörper des Klienten verändert während der ganzen Behandlung seine Lage nicht. Abschließend läßt der Masseur das Bein nochmals locker in gleicher Richtung kreisen und streicht die gelösten Verspannungen über die Fußspitzen aus.

Wenn noch Verspannungen übriggeblieben sind, kann die Beindrehung wiederholt werden. Das zweite Bein wird danach in gleicher Weise behandelt.

Rücken

Vor Beginn der Rückenmassage stellt der Masseur sicher, daß seine Hände und Arme gut eingeölt sind. Dann stellt er sich ans Kopfende der Liege und läßt beide Arme so weit wie möglich unter den Oberkörper des Klienten gleiten, der weiterhin in der gleichen Position bleibt wie zuvor. Sehr wirkungsvoll ist es, wenn eine Hand unter dem Rücken liegt, während die andere auf der Körpervorderseite Verspannungen ausstreicht. Bei Personen, die selbst Gefühle sehr stark mit dem Kopf verarbeiten, kann der Masseur den Kopf in eine Hand nehmen, während sein anderer Arm tief unter den Rücken gleitet. Dort bleibt der Arm eine Weile still liegen. Der Klient fühlt sich angenommen, sicher und geborgen. Oft kommen Erinnerungen an die Kindheit in ihm hoch.

Nach einer Weile gleitet der Masseur mit den Fingern einer Hand von der Taille aus die Wirbelsäule hinauf, Wirbel für Wirbel, wie auf einer Schiene. Dabei werden die

Wirbel gedehnt und Verkrampfungen gelöst. Die Energien können wieder frei fließen. Dann fährt der Masseur langsam mit den Fingern beider Hände an beiden Seiten der Wirbelsäule entlang.

Abschließend wird sanft am Nacken ausgestrichen.

Nun führt der Masseur sein Arme erst auf der einen, dann auf der anderen Seite unter den Oberkörper des Klienten. Er rubbelt quer und diagonal mit den Unterarmen und Handflächen über den Rücken und das Becken. Dabei kann der Oberkörper des Klienten leicht angehoben werden, um den Massagedruck zu verstärken. Diese Art der Massage ermöglicht eine freiere Atmung, die noch dadurch vertieft werden kann, daß der Masseur die Arme seitlich unter dem Rücken des Klienten liegen läßt, dessen Oberkörper leicht anhebt und diese Postion eine Zeitlang hält. Sanftes Wiegen und Schaukeln löst auch Verspannungen der inneren Organe. Der Klient hat erneut die Möglichkeit, sich in seine frühe Kindheit zurückzuversetzen, um dort festsitzende Muster loszulassen. Abschließend gleiten die Hände des Masseurs sanft über den Schulter- und Brustbereich des Klienten und streichen gelöste Verspannungen über die Arme aus.

Abschluß Vorderseite des Körpers

Die gelösten Verspannungen werden mehrfach mit langen Bewegungen erst auf einer Körperseite, dann auf der anderen ausgestrichen. Die Bewegungen sind zunächst langsam, werden dann aber immer schneller. Der Masseur beginnt an den Füßen, streicht über die Beine zur Taille, dann über die Brust, die Arme hinunter und den gleichen Weg wieder zurück. Er bemüht sich, bei diesem letzten Ableiten der Energien soviel Körperfläche wie nur irgend möglich mit seinen Händen und Armen zu überstreichen. Dann deckt er den Klienten wieder mit dem Bettlaken zu.

Stimulieren der Kraftzentren

Die Kraftzentren des Körpers werden der Reihe nach einen Moment lang berührt. Dabei bleibt eine Hand auf dem Scheitel liegen, die andere Hand wandert zum Hals, zur Mitte der Brust, zum Nabel, zur Schamgegend. Anschließend werden folgende Kraftpunkte mit beiden Händen abwechselnd zuerst auf einer Seite, dann auf der anderen berührt: Kiefer hinter dem Ohr, Schultergelenk, Hüfte, Knie, Ferse, Fußsohle. Die eine Hand verläßt den Kraftpunkt erst dann, wenn die andere den nächsten berührt.

Abschluß der Massage

Zum Abschluß der Massage nimmt der Masseur seine Hände vom Körper des Klienten und stellt sich neben die Liege. Er streicht in der Luft über dem Körper des Klienten mit beiden Armen zum Kopf, zu den Füßen und dann wieder zum Kopf. Dann hebt er beide Arme hoch und bläst die guten, neuen Energien zur Weiterleitung und Verwirklichung nach oben ins Universum.

Abschlußritual

Der Klient bleibt einen Moment in Ruhe unter dem Laken liegen. Der Masseur berührt ihn leicht an der Schulter, um den Körperkontakt nicht plötzlich abbrechen zu lassen. Wenn der Klient sich aufgerichtet hat, bedankt sich der Masseur für das entgegengebrachte Vertrauen und dafür, daß er ihn massieren durfte. Dann holt er ein Glas Wasser für den Klienten und eines für sich selbst, das sie zum Zeichen der Verbundenheit gemeinsam trinken.

Abschlußgespräch

Das Abschlußgespräch kann unmittelbar nach der Massage stattfinden oder wenn der Klient sich wieder angekleidet hat. Er soll über Dinge berichten, die er während der Massage erlebt hat. Vor allem ist der Masseur daran interessiert, ob dem Klienten bereits Veränderungen oder Verbesserungen aufgefallen sind. Der Masseur spricht über seine Beobachtungen während der Behandlung und darüber, an welchen Stellen er Verspannungen erspürt und aufgelöst hat.

Maßnahmen nach der Massage

Bevor der Klient die Liege verläßt, reibt der Masseur ihm mit dem Laken das Öl von den Füßen, damit er nicht ausrutscht. Der Masseur gibt ihm die Gelegenheit zu duschen, wenn er das Massageöl am Körper als unangenehm empfindet. Er empfiehlt dem Klienten, zu Hause ein heißes Bad zu nehmen, um den Abfluß der gelösten Verspannungen und Energien zu beschleunigen. Als Badezusatz soll er entweder einen Eßlöffel Salz nehmen, das entgiftend wirkt, oder ein Päckchen Backpulver, das die Körpermeridiane ausgleicht. Außerdem soll der Klient zu Hause viel Mineralwasser trinken, um das Ausschwemmen gelöster Schlacken zu unterstützen.

Die Liege wird mit warmem Wasser und Spülmittel abgewischt und getrocknet. Anschließend wird noch einmal mit warmem Wasser nachgewischt.

Wirkung der LOMI LOMI NUI-Massage

Die Wirkung der LOMI LOMI NUI-Massage ist sehr vielfältig und auf allen Ebenen des menschlichen Seins zu beobachten. Beginnen wir mit der offensichtlichsten Ebene, der physischen oder körperlichen.

Durch die großflächige Berührung des Körpers während der Massage wird die Durchblutung in allen Körperteilen angeregt. Aus der Kosmetik ist bekannt, daß gute Durchblutung schön macht. Außerdem wirkt die Massage sehr entspannend auf den ganzen Körper, und je entspannter ein Mensch ist, desto schöner sieht er aus. Entspannte Gesichtszüge wirken harmonisch und sorgen für eine starke positive Ausstrahlung. Die Entspannung der Muskeln um die Augen bewirkt eine Steigerung des Sehvermögens, die Entspannung des Halses und des Nackens kann die Hörfähigkeit verbessern. Außerdem werden während der Massage eventuell vorhandene Fettpölsterchen gründlich durchgeknetet. Dies führt vor allem im Bereich der Taille, des Gesäßes und der Oberschenkel dazu, daß das angesammelte Fett allmählich ausgeschwemmt wird.

Durch die LOMI LOMI NUI-Massage wird verhärtetes Gewebe wieder geschmeidig, Muskelstränge werden geordnet. Der physische Körper kommt in ein Gleichgewicht, so daß sich auch die Energien wieder voll entfalten und frei fließen können. Der Energiefluß kann durch Streichungen mit den Händen oder den Unterarmen in verschiedene Richtungen gelenkt werden. Je nach behandeltem Körperteil werden bestimmte Gefühle angesprochen: Herz- und Brustbereich zum Beispiel bei Traurigkeit, Gelenke für Beweglichkeit, Arme und Hände für Handlungsbereitschaft.

Die LOMI LOMI NUI-Massage führt dazu, daß der Klient Ballast als solchen erkennt und loslassen kann. Viele Klienten fühlen sich nach der Massage ganz leicht und frei, fast als schwebten sie. Der Körper arbeitet noch lange mit den empfangenen Schwingungen weiter. Die behandelten Gelenke und Muskeln fangen Stöße besser auf. Eine deutliche Verbesserung ist auch bei Steifheit der Gelenke, bedingt durch ältere Verletzungen oder durch fortgeschrittenes Alter, zu erzielen.

Die Massage führt dazu, daß sich der Klient seines Körpers mehr und häufiger auf positive Weise bewußt wird. Er ist in der Lage, Spannungen schneller abzubauen oder sie gar nicht erst in den Körper eindringen zu lassen. Menschen mit chronischen Leiden können mit Hilfe der Massage schmerzfreier leben als bisher. Wenn die Behandlungen regelmäßig erfolgen, ist sogar eine vollständige Heilung möglich.

Oft können die Beschwerden vom Klienten nicht näher beschrieben werden und sind eher allgemeiner Natur: Abgespanntheit, Müdigkeit, Lustlosigkeit oder Desinteresse. Hier ist die LOMI LOMI NUI-Massage aufgrund ihrer insgesamt harmonisierenden Wirkung besonders erfolgreich.

Auf der psychischen oder emotionalen Ebene können durch die Massage bestehende Ängste aufgelöst werden. Dadurch wird die emotionale Stabilität ebenso gesteigert wie die Bereitschaft, Probleme anzusehen, sich damit auseinanderzusetzen und nach Lösungen zu suchen.

Der Klient muß erkennen, daß eine wirksame Behandlung nur möglich ist, wenn er seine innere Einstellung zum Leben positiv verändert. Es ist wichtig, daß wir mit unserem Körper und mit unseren Gefühlen sorgsam und pfleglich umgehen. Die natürliche Lebensweise muß wieder stärker in den Vordergrund gerückt werden. Das ist auch in unserer hektischen Welt durchaus möglich und für eine dauerhafte Heilung unerläßlich.

Oft sind wir nicht mehr in der Lage, unsere Bedürfnisse zu spüren, so daß wir schließlich nur noch „funktionieren“ und Anforderungen erfüllen. Wir haben den Kontakt zu unserer inneren Natur verloren. Die LOMI LOMI NUI-Massage stellt diesen Kontakt wieder her, der die Grundlage für ein verändertes, natürliches Verhalten darstellt. Die Massage öffnet unsere Augen dafür, daß wir uns im täglichen Leben auch Ruhe gönnen und wahrnehmen müssen, was uns selbst im Augenblick gut tut.

In der heutigen Welt stimmen das äußere Lebenstempo und der innere Rhythmus oft nicht mehr überein. Aus dieser Diskrepanz erwachsen Spannungen und Unwohlsein. Während der Massage reift die Erkenntnis, daß man seinen Körper, sein Leben pflegen muß. Sie führt zu der Einsicht, daß man alles loslassen kann und sich keinen Zwang antun muß. Unter dem Aspekt der Ökologie der Kräfte wird deutlich, wie man mit einem Minimum an Kraft ein Maximum an Energie gewinnen kann.

Die richtige Ernährung spielt in diesem Zusammenhang eine wesentliche Rolle. Auf die Einhaltung von Trennkost zur Entlastung der Verdauungsorgane sei in diesem Zusammenhang nur hingewiesen. Dies bedeutet, daß Eiweißstoffe und stärkehaltige Lebensmittel nicht zusammen verzehrt werden sollten. Auf jeden Fall sollte viel Obst und Gemüse gegessen werden, und zwar möglichst frisch und ungekocht. Ungekochtes Gemüse und frisches Obst enthält nicht nur sämtliche Vitamine, sondern auch die Informationen und gesundmachenden Energien der Pflanze.

Auch auf der energetischen Ebene zeigt die Massage eine deutliche Wirkung. Die Lebensenergie fließt durch den ganzen Körper und durch die ihn umgebende Aura. Je freier diese Energie fließen kann, desto näher kommt der Mensch seiner natürlichen Harmonie und seinem allgemeinen Wohlbefinden. Durch die Massage werden sämtliche Verspannungen und Blockaden beseitigt, so daß sich verbrauchte Energie neu bilden und im Körper verteilen kann. Sie steht dann jeweils an den Körperstellen zur Verfügung, an denen sie gerade benötigt wird.

Die richtige Atmung ist eine der wichtigsten Voraussetzungen für eine stabile Gesundheit. Die meisten Menschen atmen automatisch. Die Atmung ist unbewußt, gesteuert vom vegetativen Nervensystem. Sie ist die Nahtstelle zwischen dem vegetativen Nervensystem und dem bewußten Willen. In manchen Situationen wird auch bewußt geatmet, zum Beispiel in der Meditation.

Der Atemvorgang besteht aus drei Phasen: Einatmen, Ausatmen und Ruhepause. Die Ruhepause ist in unserer hektischen Welt vielfach verlorengegangen. Das hat zur Folge, daß zu kurz und oft nicht tief genug ein- und ausgeatmet wird. Dann spricht man von einer flachen Atmung.

Die LOMI LOMI NUI-Massage sorgt dafür, daß der Klient die Atmung wieder in vollem Umfang zuläßt. Dem Atem wird die Zeit gegeben, die ihm von Natur aus zusteht. Allein dadurch können Schmerzen gelindert, tiefliegende Verspannungen gelöst und Beschwerden wie Migräne und Phobien beseitigt werden.

Die LOMI LOMI NUI-Massage ist eine ergänzende und wohlbekömmliche Nahrung für den gesamten Körper. Die positiven Schwingungen dieser Nahrung im Alltag zu erhalten und zu verfeinern, ist Aufgabe des Klienten – das Ziel, das ihm mit auf den Weg gegeben werden sollte.

Die Aufgabe des Masseurs besteht darin, dem Klienten den Weg zu ebnen, auf dem dieser seine ureigenen Instinkte, seine Freude und die Lust am Leben wieder entdecken kann. Licht und Liebe in das Bewußtsein des Klienten und damit in dessen Alltag zu bringen, ist eine der Hauptaufgaben des Masseurs. Damit hilft er diesem bei der Lösung seiner Probleme. Denn oftmals wird dem Klienten erst während der Massage klar, daß seine Probleme „hausgemacht“ sind, oder daß es gar nicht die eigenen Probleme sind, die er mit sich herumschleppt und die ihm das Leben schwer machen.

Über allem steht ein Grundsatz der Huna-Philosophie: „Alles, was Wirkung zeigt und Dinge verbessert, ist in Ordnung und richtig.“ Dadurch, daß der Masseur einem anderen Menschen hilft und mit seiner Arbeit dazu beiträgt, daß diese eine Person sich besser fühlt, bewirkt er auch einen Nutzen auf der gesellschaftlichen und sogar auf der wirtschaftlichen Ebene. Ein Mensch, der sich in seinem Körper wohlfühlt und glücklich ist, wird seine Mitmenschen freundlich behandeln. Er wird bereit sein, Verantwortung für sich und andere zu übernehmen, bessere Arbeit zu leisten und ein positives Umfeld zu schaffen.

Die Erfahrung hat gezeigt, daß Klienten nach einer LOMI LOMI NUI-Behandlung weniger anfällig für Anfechtungen von außen sind und diese nicht mehr so leicht an sich herankommen lassen. Künftige Unannehmlichkeiten können leichter verkraftet werden und schmälern die positive Lebenseinstellung nicht.

4 DIE ELEMENTE-MASSAGE KAHI LOA

Bedeutung der KAHI LOA-Massage

Die Massage KAHI LOA unterscheidet sich grundlegend von allen anderen Massagetechniken. Sie ist aus der sehr alten, traditionellen hawaiianischen Körperarbeit hervorgegangen und gehört in die Kategorie der LOMI LOMI-Massage. Wegen ihrer Einfachheit wird die KAHI LOA-Massage vor allem von hawaiianischen Schamanen bevorzugt. Mit dem Wort „Massage“ verbindet sich häufig die Vorstellung von Durchkneten und kräftigem Streichen der Muskeln und des Gewebes. Bei der Massage KAHI LOA wird jedoch nur auf oder unmittelbar über der Haut gearbeitet. Es wird kein Massageöl verwendet, und die Behandlung kann sowohl am liegenden Klienten durchgeführt werden als auch, wenn dieser sitzt oder steht. Außerdem kann der Klient ganz oder teilweise bekleidet bleiben.

Die Haut ist das größte Organ unseres Körpers. Ohne eine gute Hautfunktion sind wir nicht lebensfähig, etwa nach schweren Verbrennungen. Die Haut hat wie jedes andere Organ die Fähigkeit, heilende Hormone und Chemikalien im Körper freizusetzen. Moderne Wissenschaftler haben herausgefunden, daß bereits ein einfaches Streicheln an bestimmten Körperstellen einen Heilungsprozeß in Gang setzt. Die alten Hawaiianer hatten dies schon früh erkannt und in die Praxis umgesetzt.

Die Zellen der massierten Haut übertragen die positive und liebevolle Einstellung des Masseurs, verbunden mit der Kraft seiner Hände, auf das Gewebe, die Muskeln, die

Knochen, die Organe und somit auf den ganzen Körper des Klienten.

KA bedeutet Bewegung, HI heißt fließen. KAHI bedeutet also die Einheit der fließenden Bewegung in der Massage, die für das hawaiianische Heilen so wichtig ist. Die Ergänzung LOA wertet den Begriff auf zu einer „Großen Einheit", einem vollkommenen System.

Bei der Massage KAHI LOA wird mit den heilenden Kräften des Feuers, des Wassers, des Windes, der Steine, der Pflanzen, der Tiere und des Menschen gearbeitet. Sie alle werden angerufen und um Beistand bei der Behandlung des Klienten gebeten.

Vor Beginn der Massage und noch vor Eintreffen des Klienten führt der Masseur die folgende Meditation durch, die zum besseren Verständnis in der Ich-Form wiedergegeben ist:

„Ich sitze ganz ruhig und entspannt. Mit jedem Atemzug werde ich ruhiger. Mit der Piko Piko-Atmung nehme ich nun Energie für die Meditation auf. Ich stelle mir die Vulkangöttin Pele von der Insel Hawaii vor. Sie ist das Symbol für Feuer und Energie. Sie zeigt sich manchmal als sehr alte, weise Frau mit grauen Haaren und dann wieder als wunderschöne junge Frau mit langen roten Haaren. Doch stets strahlt sie ein orangefarbenes Licht aus. Mit der Kraft des Vulkans schürt sie das Feuer in mir. Ich nehme das Gefühl in mich auf, das die Energie ihres Feuers erzeugt. Und von mir geht ein Feuerstrahl direkt zu meinem Klienten. Ein orangefarbenes Licht strahlt aus meiner Körpermitte direkt zu ihm. Ich atme Feuer in dieses Wesen. Ich bewege meinen Körper in der Energie des Feuers. Ich speichere diese Energie für alle Zeit.

Nun fülle ich jede Zelle meines Körpers mit Wasserenergie. Ich bin der Geist des Wassers. Das Wasser bin ich, und ich bin das Wasser. Mein Körper tanzt den Tanz des Wassers. Ich stelle mir vor, wie ich als das Wasser im Fluß aus den Bergen komme und über Steine und Felsen fließe. Ich fließe Kilometer um Kilometer. Ich fließe um alles herum. Ich spüre, wie ich weiter und weiter aus den Bergen herausfließe, wie ich durch die Täler fließe. Dann treffe ich mit anderen Flüssen zusammen und werde ein großer Strom. Ich spüre, wie die Energie, der Fluß etwas langsamer wird. Plötzlich werde ich das riesige Wasser, ich werde der Ozean. Ich atme die Wellen des Meeres. Ich spüre die Wellen und den Wind, der über meinen Kopf weht und Bewegung schafft. Ich spüre, wie die Pflanzen zu meinen Füßen wachsen. Ich bin mir all der großen und kleinen Wesen bewußt, die in und auf mir sind und meinen Körper leicht berühren. Ich liebe sie alle, und ich weiß, daß ich ihnen Leben gebe.

Ich achte nun mit dem Bewußtsein eines großen Ozeans auf die Wesen, die Delphine genannt werden. Ich beginne, in meinem Bewußtsein ein Delphin zu werden. Ich bin beides: Ozean und Delphin. Ich tanze den Tanz der Delphine. Als Delphin habe ich ein großes Bewußtsein. Aber von Zeit zu Zeit habe ich auch großen Streß, immer dann, wenn mir die Netze der Fischer zu nah kommen. In dieser Energie vergesse ich diese Bewußtheit: Wie einfach es ist, über diese Netze hinwegzuspringen. Ich tue es jetzt in diesem Moment und spüre die große Freude auf der anderen Seite des Netzes. Das ist so wunderbar einfach. In diesem schamanistischen Bewußtsein eines Delphins schwimme ich in andere Bereiche von Spannung und Streß und helfe meinen Brüdern und Schwestern. Ich lache, tanze und singe auf meinem Weg. Ich bleibe etwas länger in diesem Ozean, in warmen und in kalten Zonen. Dabei sende ich viel Liebe zu den Menschen. Ich bin das Krafttier der Bewußtheit, und ich trage diese Bewußtheit in alle Ozeane auf der ganzen Welt. Mit ruhigen und mit kraftvollen Wellen bringe ich Liebe und Energie überallhin. Ich nehme die Sonne wahr, die meine Oberfläche erwärmt. Ich erkenne, daß ein Teil von mir aufsteigen und wieder niederregnen wird. Ich bin die Wolken, ich bin der Wind, ich bin Bäume und Tiere.

Ich lasse das Wasser wieder in mein körperliches Bewußtsein fließen. Ich spüre, wie ich von diesem Wasser ernährt werde. Ich bin das Wasser, ich bin der Körper."

Diese Meditation basiert auf der Vorstellung, daß Gedanken eine große Kraft haben und daß sie mit dem Ziel, sich zu verwirklichen, in den Kosmos geschickt werden. Noch mächtiger als die Gedanken ist das gesprochene Wort, dessen sich auch Jesus bedient hat, zum Beispiel als er sagte: „Steh auf, du bist gesund!" Auf Hawaii wird das Symbol für das mächtige gesprochene Wort, eine menschliche Zunge, aus einem Walzahn geschnitzt, oft an einer Kette aus Menschenhaar um den Hals getragen.

Durchführung der KAHI LOA-Massage

Die nachfolgend geschilderte Form der Massage wird von dem Kahuna Dr. Serge Kahili King gelehrt, der sie von der Kahili Familie auf der Insel Kauai erlernt und durch eigene Ideen und Erfahrungen bereichert hat.

Vorbereitet wird die KAHI LOA-Massage in gleicher Weise wie die LOMI LOMI NUI-Massage. Der Masseur stimmt sich gut auf seine Arbeit ein, die Umgebung, in der die Behandlung stattfinden soll, wird im hawaiianischen Stil hergerichtet. Entscheidet sich der Klient für eine liegende Position, beginnt die Behandlung in der Bauchlage, genau wie bei der LOMI LOMI NUI-Massage. Der Masseur spricht das hawaiianische Gebet.

KAHI LOA wird in sieben Abschnitte unterteilt, die den sieben Elementen des hawaiianischen Schamanismus entsprechen: Feuer, Wasser, Wind, Stein, Pflanze, Tier und Mensch. In dieser Reihenfolge wird die Massage zunächst auf der Rückseite, dann auf der Vorderseite des Körpers durchgeführt, wenn der Klient liegt. Wenn im Sitzen oder Stehen massiert wird, können Rückseite und Vorderseite jeweils gleichzeitig behandelt werden.

Man kann die Massage aber auch flexibel gestalten und je nach Bedarf einzelne Elemente auswählen oder die Reihenfolge ändern. Der Masseur wird sich nicht starr an Regeln halten, sondern die Behandlung so gestalten, wie es seinem Gefühl nach richtig ist. Ein Grundsatz der Huna-Weisheit lautet, daß die Wirkung der Maßstab für die Wahrheit ist. Das bedeutet: Was gut ist und als angenehm empfunden wird, ist richtig.

Die Wirkung der Massage kann dadurch gesteigert werden, daß entweder der Masseur oder der Klient oder beide sie mit einem Summen begleiten. Die Tonvibrationen verstärken die fließenden Energien.

Bei KAHI LOA wird der Klient mit all seinen Gedanken in den Prozeß einbezogen. Das macht die erweckte Heilkraft erheblich mächtiger. Der Masseur richtet seine Aufmerksamkeit daher sowohl auf den Verstand als auch auf den Körper des Klienten. Die Gedanken des Klienten folgen den Massagestrichen und sollten möglichst nicht abschweifen. Die Aufmerksamkeit gilt dem Augenblick, in dem starke Energie fließt. Jeder Gedanke des Klienten, der sich mit der Vergangenheit beschäftigt oder in die Zukunft schweift, schwächt den Energiefluß und mindert den Heilerfolg.

Während der gesamten Behandlung spricht der Masseur mit dem Klienten. Und er erwartet ein Feedback, das er in seine weitere Behandlung einfließen lassen kann. Die Aussagen des Klienten und das Gespür des Masseurs entscheiden darüber, ob bestimmte Teile der Massage wiederholt werden oder ob die Behandlung mit dem nächsten Teil fortgesetzt wird.

Der Masseur arbeitet nach einem Handlungsschema, das sich HAIPULE nennt. Die einzelnen Silben bedeuten:

HA	Energie geben	Aufladen und Stärken der Aura, jener Schicht, die den physischen Körper unmittelbar umgibt
I	Verbalisieren	Lenkung der Massage mit Worten, mündliche Bestätigung des Klienten und Auswertung des Feedbacks
PU	Symbolisieren	Vorstellung eines kraftvollen Symbols, welches das Massageziel erreichen hilft
LE	Beleben	Kraftfluß in den Händen des Masseurs

Vor der Behandlung lädt sich der Masseur mit Energie auf. Das kann in der tänzerischen Bewegung des Fregattvogelschritts erfolgen, oder er führt die Piko Piko-Atmung vom Scheitel zum Nabel durch. Er arbeitet nicht nur mit seiner eigenen Energie, sondern auch mit der Energie der hawaiianischen Elemente, die nachfolgend beschrieben werden.

Zu Beginn eines jeden Massageteils berührt der Masseur den Körper des Klienten leicht mit beiden Händen und stimmt sich durch diesen Kontakt auf den Klienten ein. Dabei bewegt er seine Hände vorsichtig durch die Aura bis hin zum physischen Körper. Diese Berührung sollte sehr sanft sein und an einer neutralen Stelle erfolgen, an der keine besonderen emotionalen oder sexuellen Empfindungen ausgelöst werden. Das Zentrum des Rückens ist zum Beispiel ein geeigneter Punkt. Der Klient wird diese Berührung als angenehm und als Beweis der Verbundenheit empfinden. Sie soll ihm vermitteln, daß der Masseur Kontakt aufgenommen hat, daß er gegenwärtig ist und sogleich mit der Massage beginnen wird.

Bei der folgendenden Beschreibung der Massage wird davon ausgegangen, daß der Klient auf einer Massageliege liegt. Begonnen wird immer auf der Rückseite des Körpers, der Klient liegt also zunächst auf dem Bauch.

Geschildert wird der Massageablauf auf der Rückseite des Körpers. Die Behandlung auf der Vorderseite ist im Prinzip gleich. Eventuelle Unterschiede sind bei den einzelnen Elementen beschrieben. Vor jedem Massageabschnitt bittet der Masseur das jeweilige Element um Unterstützung, nach jedem Abschnitt bedankt er sich bei dem Element.

Element Feuer (KAHI AHI)

Zu Beginn der Behandlung wird die Vorstellungskraft des Klienten aktiviert. Er soll imaginieren, daß die über seinen Körper gleitenden Hände des Masseurs ein angenehm warmes, heilendes Feuer durch seinen Körper schicken.

Das passende Symbol ist Eis, das schmilzt und sich in warmes Wasser verwandelt.

Der Masseur stellt sich vor, daß er Feuer in seinen Händen hat und daß warme, heilende Flammen aus seinen Fingerspitzen in den Körper des Klienten züngeln. Er beginnt auf der Haut des Vorderkopfes und achtet darauf, daß die ersten Berührungen sehr behutsam und sanft sind. So wird der Klient einfühlsam auf die Massage vorbereitet.

Auf der Kopfhaut werden die Finger wie Krallen benutzt, und zwar so, als wollten sie etwas aufheben. Gearbeitet wird mit den Fingernägeln. Sind sie zu lang oder zu spitz, arbeitet der Masseur mit den Fingerkuppen. Der Fingerdruck ist nicht zu hart, aber durchaus gut fühlbar.

Stellt der Masseur während der Behandlung fest, daß der Klient an manchen Stellen kitzelig ist, muß er den Fingerdruck nach eigenem Ermessen entweder verringern oder intensivieren. Da das Kitzelgefühl ein Zeichen von Anspannung ist, hält der Masseur in der Bewegung inne und gibt dem Klienten genügend Zeit, sich zu entspannen. Erst wenn der Klient sich wieder wohlfühlt, setzt der Masseur die Behandlung fort.

Vom Kopf aus wird über den Nacken zum Rücken weitermassiert. Hier ist es angebracht, daß die Hände rasch übereinandergreifen, da im Rücken oft die meisten Spannungen gespeichert sind. Wenn der Klient bekleidet ist, muß der Druck stärker sein als auf der nackten Haut.

Auf dem oberen Rücken gleiten die Fingerspitzen in langen Strichen über die Haut, und zwar von der Körpermitte ausgehend seitwärts und über den Rest des Körpers abwärts. Mit dieser Bewegung wird symbolisch heiße Kohle über den Körper verteilt.

Vom Rücken aus werden die Streichbewegungen über das Gesäß und hinunter zu den Beinen geführt. Auf den Fußsohlen muß die Massage sehr zart und mit den Fingerkuppen durchgeführt werden. Hier ist besonders auf Kitzelgefühle zu achten.

Wichtig ist, daß der Masseur immer Körperkontakt zum Klienten hält. Wechselt er zu einem anderen Körperteil oder nimmt er eine Hand vom Körper, bleibt die andere Hand immer an der gerade bearbeiteten Stelle.

Bevor die Massage an einer Körperstelle beendet ist, berührt der Masseur bereits den nächsten Punkt. Damit signalisiert er dem Klienten, daß er nicht allein gelassen wird. So werden nacheinander alle Körperteile bearbeitet, auch die Arme und Hände.

Die bisher geschilderten Massagestriche stellen das große, langsame und gleichmäßige Feuer dar. Die nächste Behandlung steht für das kleine, aktive, quirlige Feuer, das im Kreise zirkuliert. Die Handbewegungen des Masseurs werden schneller, seine Fingerspitzen führen kreisende Bewegungen aus. Dabei ist wieder darauf zu achten, daß die Berührung leicht ist, vor allem auf nackter Haut.

Sehr wichtig ist, daß der Masseur den Klienten ab und zu fragt, wie sich die Massage anfühlt, ob eine Besserung eingetreten ist oder ob noch Verspannungen bestehen. Abhängig von der Antwort auf seine Fragen setzt er die Behandlung fort oder beendet diesen Teil der Massage. Die Vorderseite des Körpers wird behandelt, nachdem alle sieben Elemente durchlaufen sind.

Element Wasser (KAHI WAI)

Bei KAHI WAI stellt der Masseur sich vor, daß seine Hände wie Wasser über den Körper des Klienten gleiten. Er setzt beim Massieren seine gestreckten Finger und seine ganze Handfläche oder auch den Handrücken ein.

Der Klient wird gebeten, sich während der Massage vorzustellen, daß ein Wasserstrom durch seinen ganzen Körper fließt und alle Verspannungen wegspült. Je nach Art der Massage kann er sich auch Wasserwirbel vorstellen.

Das Symbol ist Wasser in Bewegung, zum Beispiel ein Fluß oder ein Wasserfall, der alles Kranke und Unreine wegspült.

Die Behandlung beginnt am Kopf mit einer leichten, fließenden Berührung. Anschließend wird der ganze Körper mit weichen, runden Bewegungen der Finger und Hände massiert. Es ist, als würde der Körper des Klienten „gewaschen“. Die Gelenke oder verspannte Körperstellen werden besonders intensiv umkreist. Zweckmäßig ist es, den Wasserfluß von der Körpermitte nach außen zu lenken, soweit dies möglich ist.

Auf ein langes, ruhiges Fließen folgen kleine, schnellere Bewegungen, die sich wie Wasserwirbel anfühlen. Wieder beginnt die Behandlung am Kopf des Klienten und bezieht allmählich den ganzen Körper ein. Alle Körperstellen mit Ausnahme des Intimbereichs werden berührt, damit sich der Klient angenommen und rundherum gut versorgt fühlt.

Zum Beispiel ist es immer wichtig, daß die ganze Fläche der Hände berührt wird. Dadurch wird dem Klienten symbolisch alles „begreifbar und erfaßbar“ gemacht. Das Unterbewußtsein empfängt diese Signale und setzt sie im täglichen Leben um.

Bei KAHI LOA wird auch verbal kommuniziert. Wenn er vom weiten, ruhigen Fließen zu den kleineren Kreisbewegungen übergeht, könnte der Masseur zum Beispiel fragen, an welchen Stellen seines Körpers der Klient noch Verspannungen wahrnimmt. Er wird dann an den genannten Punkten intensiver weiterarbeiten und den „Whirlpool einschalten“.

Der Masseur muß stets darauf achten, daß der Massagedruck nicht zu leicht ist und ein Kitzeln hervorruft. Der Druck darf aber auch nicht so stark sein, daß an den Muskeln gearbeitet wird. Die Wahrheit liegt in der Mitte und ist sorgfältig zu erspüren.

Sehr wirkungsvoll ist es auch, wenn der Masseur eine Hand zur Beruhigung auf die verspannte Körperstelle legt, während er mit der anderen um die Stelle herum massiert. Das Ganze kann noch dadurch gesteigert werden, daß die Aktivitäten der beiden Hände wechseln.

Abschließend bittet der Masseur um ein Feedback, damit er die Wirkung seiner Massage einschätzen kann.

Element Wind (KAHI MAKANI)

KAHI MAKANI wird ohne physische Berührung durchgeführt. Der Masseur arbeitet unmittelbar über dem Körper des Klienten in dessen Aura.

Vor Beginn der Behandlung wird der Klient aufgefordert, sich einen Wind vorzustellen, der durch seinen Körper weht und alle Verspannungen wegbläst. Wenn er diesen Fokus hält, wird er während der Massage bestimmte Empfindungen haben. Am Ende der Behandlung soll der Wind leicht und ohne Widerstand durch den Körper fließen.

Symbol ist ein starker Wind, der Staub und Unrat aufwirbelt und alles Überflüssige hinwegbläst.

Der Wind über dem Körper des Klienten wird durch die Arme und Hände des Masseurs erzeugt. Während er die Bewegungen macht, spürt er sich in das Energiefeld des Klienten hinein. Es gibt Körperstellen, über die seine Hände leicht hinweggleiten, während er an anderen Stellen einen Widerstand spürt und das Gefühl hat, daß der Körper nur schwer überstrichen werden kann. Diese Unterschiede gilt es wahrzunehmen.

Der Masseur erfühlt also die Stellen über dem Körper, die fest und blockiert sind. Hier führt er Handbewegungen aus, um das gestörte Energiefeld wieder in Harmonie zu bringen. Dabei folgt er ganz seiner Intuition und achtet lediglich darauf, daß sich die Bewegungen für ihn gut anfühlen.

Der Masseur läßt den Wind so lange über dem Körper des Klienten kreisen, wie er es gefühlsmäßig für richtig hält. Er fragt den Klienten, ob er an bestimmten Stellen Verspannungen wahrnimmt. Wenn ja, werden diese Stellen intensiver behandelt. Auch während der Masseur Fragen stellt, bewegt er seine Hände ständig weiter, damit der Kontakt zum Klienten nicht verlorengeht.

An manchen Stellen nimmt der Masseur auch Energielöcher in der Aura wahr. Dann gilt es, diese Löcher wieder mit Lebenskraft aufzufüllen und die Energien erneut in Bewegung zu bringen. Während der Masseur seine Hände wie Wind über den Körper des Klienten bewegt, spürt er jede Veränderung in der Aura.

Nach dieser Behandlung wird der Klient um ein Feedback gebeten. Dabei kann sich herausstellen, daß er an einer anderen Stelle als der behandelten eine Besserung verspürt hat. Dies ist nicht ungewöhnlich, da der Körper ein Ganzes ist und entsprechend reagiert. Es spielt keine Rolle, wo der Masseur eine Auflösung der Anspannung spürt, sondern vielmehr, wo der Klient eine Besserung fühlt. Wichtig ist, daß überhaupt eine Resonanz erfolgt.

Der erste Teil dieser Massage besteht im Aufspüren von lokalen Verspannungen und Schwachstellen. Es kann jedoch Probleme geben, die schwieriger sind und zum Teil schon lange bestehen. Dann ist der Masseur auf die Mithilfe des Klienten angewiesen.

Aufbauend auf den Angaben des Klienten wird er im zweiten Teil der Massage versuchen, dessen Energiemuster insgesamt zu verändern. Mit Vorstellungskraft, Einfühlungsvermögen und einem feinen Gespür für die Bedürfnisse des Klienten strukturiert der Masseur mit seinen Händen ein neues Energiemuster über dem Körper. Anschließend spürt er in das Energiefeld hinein, um festzustellen, ob es sich vom zuvor erspürten unterscheidet. Wenn sich die neue Energiestruktur klar und leicht anfühlt, bittet er den Klienten erneut um ein Feedback. War dieses positiv, wird die Massage mit einem langen, streichenden Wind beendet, der mit Armen und Händen erzeugt wird und über den ganzen Körper fegt. Der Masseur bittet den Wind, die Aura des Klienten zu reinigen.

Abschließend berührt er den Klienten ganz leicht mit den Händen. Damit bringt er seine Verbundenheit mit ihm zum Ausdruck und zeigt, daß er sich nicht zu weit von ihm „entfernt“ hat.

Element Stein (KAHI POHAKU)

KAHI POHAKU, die Stein-Massage, ist eigentlich gar keine Massage, denn die Hände des Masseurs bewegen sich nicht auf dem Körper des Klienten, sondern werden lediglich aufgelegt. Allerdings fließt zwischen den Händen sehr viel Energie.

Der Klient ist aufgefordert, in seinen Körper hineinzuspüren und Verspannungen oder Schmerzen zu lokalisieren. Die erhaltenen Informationen gibt er an den Masseur weiter, der dann die Verspannungen auflöst.

Symbol ist ein Fels, der zu Sand zerfällt, oder ein Kristall, der Energie aussendet.

Es gibt drei Möglichkeiten, KAHI POHAKU durchzuführen, von denen sich der Masseur in Abhängigkeit vom Grad der Verspannung oder des Schmerzes eine auswählt. Leidet der Klient kaum oder nur unter sehr geringen Verspannungen, wird die Behandlung entsprechend kurz ausfallen. Mit der Intensität der Beschwerden verlängert sich auch die Dauer der Behandlung.

Um leichte Verspannungen zu behandeln, legt der Masseur beide Hände an verschiedenen Stellen auf den Körper des Klienten. Eine Hand liegt auf dem Schmerzpunkt, die andere auf einem der Kraftpunkte, zum Beispiel auf dem Kopf oder Nacken. Dabei ist es wichtig, daß der Masseur den Energiefluß an den Händen fühlt. Der Fluß durch seinen Körper hindurch ist nicht entscheidend.

Hat der Klient zum Beispiel Verspannungen im Rükken, legt ihm der Masseur eine Hand auf den Rücken und die andere auf den Nacken als Kraftpunkt. Er atmet mit seiner ganzen Aufmerksamkeit am Kraftpunkt ein und mit derselben Aufmerksamkeit am Schmerzpunkt wieder aus. Dieser Atemzyklus wird zwei- bis dreimal wiederholt. Dann fragt er den Klienten, ob er eine Veränderung festgestellt hat, und bekommt häufig eine positive Antwort.

Viele Klienten klagen auch über Schmerzen im Hüftbereich. Wieder legt der Masseur eine Hand auf den Kraftpunkt am Nacken und die andere auf den Schmerzpunkt im Hüftbereich und atmet am Kraftpunkt ein und am Schmerzpunkt aus.

Da die Hüften aber selbst Kraftpunkte sind, besteht auch die Möglichkeit, mit ihnen zu arbeiten. In diesem Fall legt der Masseur die Hände links und rechts auf die Hüften und atmet an einer Hüfte ein und an der anderen aus. In der Regel geht der Atem von links nach rechts, aber auch die umgekehrte Richtung ist möglich, wenn sich der Masseur dabei besser fühlt.

Wichtig ist, daß der Masseur mit seiner Aufmerksamkeit in den Händen ist und dort die Energien spürt. Er nimmt dann unter seinen Fingerspitzen eine Veränderung der Spannungen im Körper des Klienten wahr. Das kann sich anfühlen wie kleine, sich kräuselnde Wellen, und die Haut scheint weicher zu werden.

Auf jeden Fall wird der Klient wieder um ein Feedback gebeten, und wenn er eine Veränderung wahrnimmt, ist das bereits ein Fortschritt.

Sind alle Verspannungen behandelt, arbeitet der Masseur von Kraftpunkt zu Kraftpunkt weiter. Dies würde auch geschehen, wenn der Klient von Anfang an keine Verspannungen spürt. Möglich ist zum Beispiel das Auflegen der Hände vom Scheitel zum Nacken, von Schulter zu Schulter oder vom Steißbein zur Fußsohle, immer unterstützt durch die Atmung, wobei jeder Atemzyklus zwei- bis dreimal wiederholt wird.

Hat der Klient ernsthafte Probleme, die bisher nicht beseitigt werden konnten, kommt eine zweite Variante von KAHI POHAKU zum Einsatz, bei der nur eine Hand den Körper des Klienten berührt. Diese Variante eignet sich auch sehr gut für leichte Lockerungen im Sitzen oder Stehen. Der Masseur legt seine linke Hand auf den Schmerzpunkt, während seine rechte Hand in Richtung Erde weist, und geht gedanklich tief in die Erde hinein. Nun atmet er am Schmerzpunkt ein und direkt in die Erde aus. Dies wiederholt er zwei- bis dreimal.

Die ganze Aufmerksamkeit des Masseurs konzentriert sich in seinen Händen. Es ist nicht so wichtig, daß er den Fluß der Energie von einem Arm in den anderen fühlt. Er muß lediglich die Enden seiner Arme spüren, die Hände. Energie folgt der Aufmerksamkeit. Daher fließt die Energie ganz automatisch vom Klienten zum Masseur und von ihm in die Erde. Am Ende der Behandlung bittet der Masseur um ein Feedback.

Die dritte Variante von KAHI POHAKU ist die Energieaufladung. Der Masseur fragt den Klienten, ob er das Gefühl hat, an einer bestimmten Körperstelle zusätzliche Energie zu benötigen. Wenn der Klient eine Stelle nennen kann, löst der Masseur zunächst etwa vorhandene Spannungen an diesem Punkt auf. Dann legt er seine rechte Hand auf die Stelle und streckt die linke zum Himmel, um die göttliche Energie des Universums aufzunehmen. Dabei ist seine ganze Aufmerksamkeit wieder in den Händen. Er atmet an der zum Himmel gestreckten Hand ein und an der aufgelegten Hand wieder aus.

Wenn der Masseur richtig fokussiert, nimmt er an der aufgelegten Hand Wärme und ein Kribbeln wahr – ebenso wie der Klient. Anschließend bittet er den Klienten wieder um ein Feedback.

Jede der geschilderten Varianten von KAHI POHAKU kann man auch bei sich selbst anwenden. Zwei Menschen entwickeln zwar mehr Energie, aber wenn kein Masseur zur Verfügung steht, kann man durchaus auch selbst dafür sorgen, daß sich eine beginnende Verspannung nicht im Körper festsetzt. Ebenso ist es möglich, sich sofort mit Energie aufzuladen, wenn man eine Schwäche in einem Körperbereich lokalisiert hat.

Element Pflanze (KAHI LA'AU)

Bei KAHI LA'AU wird der Körper des Klienten von Kopf bis Fuß mit den Fingern abgebürstet. Dabei stellt sich der Masseur vor, daß er Blätter von Pflanzen in den Händen hält.

Der Klient stellt sich vor, daß er mit Blättern oder Blumen abgebürstet wird und daß dadurch alle Verspannungen aus seinem Körper ausfließen. Diesen Fokus hält er während der gesamten Massage. Er kann sich eine Blume oder Pflanze wählen, mit der gebürstet werden soll, und nennt sie dem Masseur.

Das Symbol besteht aus Blumen, Blättern oder Zweigen, mit denen alle Unreinheiten beseitigt werden können.

Der Masseur beginnt am Kopf des Klienten zu bürsten und arbeitet sich von dort aus abwärts bis zu den Fußsohlen vor. Er bürstet mit beiden Händen, wobei eine Hand immer auf dem Körper des Klienten bleibt. Nie werden beide Hände gleichzeitig angehoben. Zweckmäßig ist es, möglichst von der Körpermitte nach außen zu bürsten.

Zwar wird der ganze Körper in die Behandlung einbezogen, aber dennoch achtet der Masseur darauf, an welchen Stellen der Klient kitzlig ist, und stellt sich durch Veränderung des Massagedrucks darauf ein.

Durch das Abbürsten des Körpers mit Pflanzen sollen alle Krankheiten, Schmerzen und Verspannungen entfernt werden.

In den Tempeln Hawaiis gab es früher ein entsprechendes Heilungsritual: Nachdem der zu behandelnde Körper mit Wasser besprengt worden war, bürsteten die Kahunas das Wasser mit der heiligen Pflanze Ti ab und sammelten es in einer Schale. Dann grub man außerhalb des Tempels ein Loch und schüttete das abgebürstete Wasser vor den Augen des Klienten hinein. So konnte dieser auch optisch nachvollziehen, daß all seine Krankheiten entfernt und begraben waren. KAHI LA'AU dient demselben Zweck.

Abschließend führt der Masseur beide Hände in langen bürstenden und streichenden Bewegungen über den ganzen Körper des Klienten. Danach bittet er um ein Feedback. Wichtig ist, daß die Behandlung ein gutes Gefühl erzeugt, und zwar nicht nur beim Masseur, sondern auch beim Klienten.

Element Tier (KAHI HOLOHOLONA)

Wenn Tiere gesund sind und sich gut fühlen, strecken und dehnen sie sich wohlig. Das beste Beispiel dafür ist die Katze oder der lang am Boden liegende Hund.

Bei KAHI HOLOHOLONA wird die Haut des Klienten gedehnt, um Heilung und Gesundheit zu erreichen. Wichtig ist, daß die Haut nicht gepreßt wird und daß nur mit der Haut gearbeitet wird und nicht mit den Muskeln.

Der Klient stellt sich ein Tier vor, das ganz entspannt ist, das sich dehnt, streckt, gut fühlt und gähnt. Er kann das Tier frei wählen und nennt es dem Masseur.

Symbol ist ein Tier, das durch Dehnen und Strecken seine Verspannungen und Blockaden auflöst.

Die Massage beginnt an der Kopfhaut, die zuerst leicht zusammengedrückt und dann gestreckt wird. Durch leichtes Ziehen an den Haaren wird die Kopfhaut gedehnt.

Bei vielen Menschen sitzen Verspannungen und Blockaden in den Schultern und Oberarmen. Daher schenkt der Masseur diesem Bereich besondere Aufmerksamkeit. Das Dehnen der Haut an Schultern und Oberarmen setzt oft Emotionen frei. Das ist ein Zeichen dafür, daß die Massage wirkt und Verspannungen gelöst werden.

Als angenehm empfinden es die meisten Klienten, wenn der Masseur ihre Hand hält und die Haut dabei ausgiebig dehnt und drückt. Jeder einzelne Finger bekommt intensive Zuwendung. Die Hände, die meistens arbeiten müssen, nehmen diese Behandlung gern an und lassen Verkrampfungen bereitwillig los.

Die Massage der Haut wird dann über den Rücken nach unten fortgeführt. Gesäß, Beine und Füße werden nacheinander gedehnt. Auch an den Füßen wird der Klient das längere Halten und gleichzeitige Dehnen und Drücken als sehr angenehm empfinden. Jeder einzelne Zeh wird in die Massage einbezogen zum Beweis, daß auch die Füße geliebt und anerkannt werden. Sie sind dann wieder bereit, den Klienten auf neuen Wegen sicher zu tragen.

Wenn der Masseur auf eine Verspannung im Körper des Klienten aufmerksam geworden ist, kann er an dieser Stelle eine kleine Hautrolle formen und sich damit nach oben weiterarbeiten. Dies ist besonders auf dem Rücken möglich, bei manchen Klienten aber auch an Armen und Beinen.

Das Formen dieser Hautrolle erzeugt manchmal einen Spannungsschmerz, der aber als durchaus angenehm empfunden wird und gut zu ertragen ist. Wenn diese Art der Massage jedoch zu schmerzhaft ist, wendet der Masseur sofort eine andere Technik an. Auch auf der Vorderseite des Körpers gibt es viele Stellen, an denen diese Hauträllchen gebildet werden können, zum Beispiel im Brustbereich und an den Wangen.

Beendet wird dieser Teil der Massage mit einem raschen, leichten Drücken und Dehnen über den ganzen Körper des Klienten und der Bitte um ein Feedback.

Element Mensch (KAHI KANAKA)

Grundlage für KAHI KANAKA ist die liebevolle Berührung des Klienten durch den Masseur. Die einfachen Massagegriffe sprechen das Unterbewußtsein an und sind daher sehr wirkungsvoll. Der sanfte Körperkontakt erfolgt an den hawaiianischen Kraftpunkten.

Der Klient stellt sich vor, daß ein Mensch, der ihm sehr nahe steht und den er liebt, ihn berührt. Er konzentriert sich darauf beziehungsweise fokussiert, daß durch diese Berührung ein Heilungsprozeß in Gang kommt.

Symbol ist ein Mensch, der durch liebevolle Berührung des ihm anvertrauten Körpers Schmerz, Leid und Spannung in diesem Körper auflöst.

Der Masseur führt seine Handflächen zunächst nacheinander über die Kraftpunkte auf der rückwärtigen Körpermitte des Klienten, und zwar so, daß bei jeder neuen Berührung die vorhergehende noch besteht und spürbar ist.

Danach berührt der Masseur mit beiden Händen die Kraftpunkte auf beiden Körperseiten jeweils gleichzeitig. Also:

1. Berühren der Kraftpunkte auf der rückwärtigen Körpermitte mit beiden Händen nacheinander: Scheitel – Nacken – Mitte des Rückens – Ende der Wirbelsäule.
2. Berühren der Kraftpunkte an den Körperaußenseiten mit beiden Händen gleichzeitig: Kiefer – Schultern – Ellbogen – Handgelenke – Hüften – Knie – Fußgelenke – Fußspitzen.

Jede Berührung wird nur kurz, eine bis zwei Sekunden lang, gehalten. Das Unterbewußtsein des Klienten speichert den Kontakt an den Kraftpunkten, was zur Folge hat, daß die liebevolle Berührung nachhaltig vom ganzen Körper wahrgenommen wird und ihre heilende Wirkung entfalten kann.

Zum Schluß fegt der Masseur mit beiden Händen über den Körper des Klienten, um gestaute Energien und Blokkaden aus der Aura abzuleiten.

Auf der Vorderseite des Körpers werden folgende Kraftpunkte nacheinander berührt: Scheitel – Mitte Augenbrauen – Kehle – Brust – Nabel. Die Kraftpunkte an den Außenseiten werden genauso berührt wie nach Behandlung des Rückens.

Im Abschlußgespräch bittet der Masseur den Klienten um ein Feedback, indem er beispielsweise fragt, ob eine Besserung im körperlichen oder im mentalen Bereich eingetreten ist. Der Masseur wertet die Aussagen des Klienten sorgfältig aus, denn sie geben einen Hinweis auf Art und Umfang weiterer Behandlungen.

Wirkung der KAHI LOA-Massage

Die KAHI LOA-Massage zeichnet sich durch ihre verhältnismäßig einfache Anwendung ebenso aus wie durch ihre erstaunliche Heilwirkung. Die vom Masseur im Körper des Klienten erweckten Heilungsenergien bringen positive Veränderungen hervor, deren Umfang vom Alter des Klienten und vom Grad der Verspannung sowie vom jeweils behandelten Körperteil abhängt. Auch wenn nicht sämtliche Beschwerden mit einer Behandlung sofort abgebaut werden können, ist auf jeden Fall der Anstoß für den Selbstheilungsprozeß gegeben.

Die größte Wirkung hat KAHI LOA, wenn der Klient dabei entspannt liegen und sich ohne Anstrengung völlig dem Masseur anvertrauen kann. Wenn, aus welchen Gründen auch immer, eine Behandlung im Liegen nicht möglich ist, sollte die Massage im Sitzen durchgeführt werden. Die stehende Position sollte nur für die Anwendung einzelner Massageabschnitte gewählt werden. Die gesamte Elemente-Massage erfordert eine gewisse Zeit, und das lange Stehen würde den Klienten ermüden, was sicherlich zur Folge hätte, daß er seinen Fokus nur schwer aufrechterhalten könnte.

Wie schon erwähnt, können einzelne Abschnitte des geschilderten Massageablaufs separat durchgeführt werden. Dadurch ist der Masseur in der Lage, je nach Art der auftretenden Beschwerden ohne Verzögerung gezielt den passenden Teil dieser Massage anzuwenden und spezielle Selbstheilungskräfte im Klienten zu wecken.

Ein großer Vorteil der KAHI LOA-Massage ist, daß sie sich teilweise zur Selbstanwendung eignet. So ist es möglich, plötzlich auftretende Verspannungen sofort zu behandeln und negative Einflüsse zu neutralisieren, bevor sie Schäden in Körper und Geist verursachen können.

5 ERFAHRUNGEN MIT LOMI LOMI NUI UND KAHI LOA

Aussagen von LOMI LOMI NUI-Masseurinnen

Annemarie A.: Die heilige Tempelmassage LOMI LOMI NUI ist das Wunderbarste, was in den vergangenen Jahren in mein Leben kam. Schon lange davor war ich durch eine Fernsehsendung auf die Huna-Weisheit aus dem pazifischen Raum aufmerksam geworden. Es war weniger die Sendung, die mich so faszinierte, es war der Klang des Wortes HUNA! Er rauschte durch meine Sinne und mein Körper war wie elektrisiert. Es war wie ein Erwachen aus einem Dämmerschlaf.

So schnell wie möglich machte ich Kurse, um mehr über die Huna-Weisheit zu erfahren, und praktizierte diese „Wunderlehre“ mit Gleichgesinnten. Eine aufregende Zeit brach an. Ich lernte eine Menge über mich selbst, das Leben, die Menschen, die Natur und die kosmischen Gesetzmäßigkeiten. Unsere Gruppe las alle Huna-Bücher, die es damals auf dem Markt gab. Wir praktizierten und experimentierten. Die regelmäßigen Treffen wurden zur festen Einrichtung mit dem Ziel, die Huna-Philosophie im täglichen Leben anzuwenden.

Eine unbekannte Sehnsucht ergriff mich jedesmal, wenn ich das Wort LOMI LOMI hörte. In der alten polynesischen Huna-Tradition gilt LOMI LOMI NUI, die heilige Tempelmassage, als Einweihung. Meine Einweihung begann, als ich mich von einer hawaiianischen Lehrerin in LOMI LOMI NUI ausbilden ließ. Der Einstieg in diese Massage bleibt als tiefes und unvergeßliches Erlebnis in mir. Ein großer Meister aus Hawaii sagt: „Du mußt genau den richtigen Moment treffen, um auf den Zug aufzuspringen!" Ich sprang auf den Zug auf, und seitdem rollt er mit mir durchs Leben...

Bei LOMI LOMI NUI spielt der großflächige Körperkontakt zwischen dem Massierenden und dem Klienten eine entscheidende Rolle. Durch die intensive Berührung gelingt es dem Klienten besonders leicht, sich der Massage hinzugeben. Die langjährige Erfahrung mit dieser Massage lehrte mich, daß es für den Klienten wohltuend ist, wenn ich eine Hand leicht auf sein Brustbein lege, während die andere Hand und der ganze Arm unter der Nacken- und Schulterpartie hin- und hergleitet. Es bereitet mir große Freude, während der Behandlung in das gelöste und oftmals sanft lächelnde Antlitz des Klienten schauen zu dürfen.

In meine Praxis kommen häufig Leute zu zweit – Paare oder Mütter mit ihren fast erwachsenen Töchtern. Schon beim Zuschauen „erleben" die Begleitpersonen Frieden und Harmonie und haben dann, wenn sie selbst massiert werden, häufig intensivere Erlebnisse.

Ganz gleich wie schwer die Person auf dem Tisch ist, immer gleite ich mit meinen eingeölten Armen unter den Rücken des Klienten und „trage" ihn eine Weile. Tragen bedeutet, daß meine Arme ruhig unter dem Klienten liegen, oft mehrere Minuten lang.

Ich spüre dann ganz deutlich, wie der Klient auch die letzten Verspannungen im Rücken losläßt und in meine Arme sinkt. Bei vielen Klienten lösen sich auf diese Weise auch emotionale Verspannungen, zum Beispiel durch tiefes Ausatmen oder flatterndes Atmen bis hin zum erlösenden Tränenfluß. Während der Massage selbst wird nicht gesprochen, aber im anschließenden Gespräch berichten die meisten meiner Klienten von dem wunderbaren Gefühl der Geborgenheit, das sie empfunden haben, während sie auf meinen Armen lagen. Sie verlieren das Zeitgefühl und gleiten zurück in den Urzustand des Seins, wo Vertrauen, Liebe, Sicherheit und Frieden vorherrschen. Manche berichten, daß sie sich geborgen fühlten wie in den schützenden Armen der Urmutter. Sie identifizieren das nicht mit mir – ich existierte in diesen Momenten nicht. Sie fühlen sich vielmehr ganz bei sich, in ihrem wahren Selbst!

Ich lerne daraus immer wieder, wie wichtig die Arbeit am Rücken ist. Fast alle Menschen aus allen Gesellschaftsschichten haben Angst vor der Zukunft. Für mich ist es ein großes Geschenk, ihnen diese Angst nehmen zu dürfen.

Manche Klienten beginnen ganz selbstvergessen, am Daumen zu lutschen oder „Mami, Mami“ zu stammeln. Das KU, unsere geliebte Körperweisheit oder das Unterbewußte, das sich an ungeliebte Situationen erinnert, erfährt während der Massage eine Umprogrammierung. Es fühlt sich angenommen und geliebt – und das wirkt sich positiv auf unser weiteres Leben aus.

Nach der LOMI LOMI NUI-Massage wird der ganze Köper – bis auf das Gesicht – mit dem Laken bedeckt. Ich „mumifiziere“ gern, das heißt, ich decke auch Kopf und Augen zu und lasse nur Nase und Mund frei. Dann lasse ich den Klienten eine Weile ruhen. Noch ungeklärte, wichtige Dinge können im abschließenden Gespräch erörtert werden.

Edith S.: Die Klienten empfinden das Gleiten der Unterarme und Hände über große Flächen ihres Körpers als äußerst angenehm. Dieses gute Gefühl wird durch das duftende Massageöl noch unterstützt. Es macht die Haut elastisch und sorgt dafür, daß der vom Massierenden ausgeübte Druck und die damit gegebenen Informationen besser in das Gewebe und in die Muskeln eindringen können.

Bei den tiefen, langsamen Streichungen stelle ich mir vor, daß ich langsam eine große Tube mit duftender Creme ausdrücke. Ich presse die Energien, die der Klient loslassen möchte, aus dem Gewebe heraus. Wenn ich harte Stellen am Körper des Klienten bearbeite, habe ich Plastiknoppen vor Augen. Ich fahre mit langsamem Druck über diese Noppen und streiche die Energien darin breit und glatt.

Bei den Massagen habe ich viele interessante Beobachtungen gemacht. Ich will hier nur einige davon nennen. Während der Behandlung von Hals und Nacken konnte ich das Phänomen beobachten, daß der Klient plötzlich besser hören konnte. Viele Klienten nehmen die liebevolle Berührung, das Angenommensein ohne Gegenerwartung zum Anlaß, völlig loszulassen und ihren Gefühlen freien Raum zu geben. Anschließend werden dann Erleichterung, Offenheit, Heiterkeit und eine Befreiung von großer Last verspürt.

Die Massage hat immer zur Auflösung von Schmerzen in verspannten Muskelpartien und Gelenken geführt. Viele Klienten haben mir auch versichert, daß die Massage sie veranlaßt hat, nicht mehr sinnvolle Gewohnheiten loszulassen, um Platz für harmonische Schwingungen in ihrem Leben zu schaffen.

Ich bin der Meinung, daß eine herkömmliche Massage von zwanzig bis dreißig Minuten Dauer nicht ausreicht, um Körper und Gedanken eines Klienten zur Ruhe zu bringen. Die LOMI LOMI NUI-Massage ist viel intensiver und wirkungsvoller. Mir persönlich bringt eine LOMI LOMI NUI-Massage die Verbundenheit mit dem Aloha-Spirit und immer wieder neue Erfahrungen mit der erwartungs- und wertfreien dienenden Liebe des Berührens und des Sich-Berühren-Lassens. Mein Erkenntnis- und Erlösungsprozeß geht damit einher, denn was ich im Außen tue und sehe, geschieht in mir und mit mir. Aloha!

Aussagen behandelter Klientinnen und Klienten

Miriam K.: Ich habe überhaupt nicht gewußt, was sich hinter einer LOMI LOMI NUI-Massage verbirgt. Ein Bekannter hatte mir davon erzählt, und es war eigentlich nur der Name, der mich sofort angesprochen und eine tiefe Resonanz in mir ausgelöst hat.

Was ich dann während der Massage erlebte, kann ich mit Worten nur schwer beschreiben. Es hat alle meine Erwartungen weit übertroffen. Allein die Einstimmung vor der Massage in einem exotisch hergerichteten Raum mit tropischer Wärme, duftenden Ölen und einem gesungenen hawaiianischen Gebet hat ein neugieriges Kribbeln in mir ausgelöst. Dabei fühlte ich mich auf der Massageliege unter dem Bettlaken wunderbar geborgen und konnte schon während dieser Zeremonie sehr viel von den belastenden Alltagsgedanken ablegen. Als Fokus hatte ich gewählt, daß ich alten Ballast abwerfen und mich neuen Wegen öffnen wollte.

Die anschließenden Berührungen und Streichungen des Masseurs haben tiefe Emotionen in mir geweckt. Der großflächige Körperkontakt mit beiden Händen und Unterarmen des Masseurs, verbunden mit unterschiedlich dosiertem Druck, veranlaßte mich zu völliger Hinwendung und zum Aufgeben sämtlicher Begrenzungen.

Während der Rückenmassage spürte ich plötzlich eine Befreiung und hatte das Gefühl, in diesem Bereich leichter und lockerer zu werden. Bei der Massage der Vorderseite hat mein Bauch sofort Geräusche von sich gegeben und ich fühlte eine wohltuende Entspannung in diesem Bereich.

Im Brustbereich spürte ich beim Massagestrich zwischen den Rippen Verhärtungen der Muskulatur. Dies hat der Masseur sofort bemerkt und diese Partien besonders intensiv behandelt. Dabei stellte sich eine innere Rührung in mir ein, so daß ich Tränen nicht unterdrücken konnte. Aus dem Vorgespräch wußte ich, daß ich nichts zurückhalten sollte, und mit einem feuchten Gesicht fühlte ich mich auch viel freier als vorher.

Bei den Gelenklockerungen konnte ich mich völlig entspannen und alles loslassen, so daß ein Gefühl von Flexibilität in allen Gliedmaßen auftrat, besonders im Schulterbereich. Dies überraschte mich umso mehr, als ich sonst gerade dort oft verspannt bin und auch unter dem „Einschlafen“ von Armen und Beinen zu leiden hatte.

Bei der Drehung des rechten Armgelenkes habe ich eine starke Reaktion in der Magengegend verspürt. Ich habe dies gemeinsam mit dem Masseur so gedeutet, daß ich zur Zeit viele Tätigkeiten ausübe, die gegen meine Natur sind.

Nach Abschluß der Massage, beim gemeinsamen Glas Mineralwasser, hat mir der Masseur noch einige interessante Dinge genannt, die ihm aufgefallen waren. So hat er zum Beispiel Angstgefühle aufgelöst, die noch in einer alten Verletzung im Beinbereich steckten.

Mit vielen neuen Erkenntnissen und einer ganz anderen, positiven Betrachtungsweise meines Umfeldes und meiner Zukunft habe ich die kraftvolle Ausstrahlung des hawaiianischen Geistes und seiner Umgebung verlassen. Ich bin sicher, daß der von mir als Fokus gewählte Wunsch in Erfüllung gehen wird. Die LOMI LOMI NUI-Massage hat mich neugierig gemacht auf viele neue Erlebnisse. Es wird mit Sicherheit nicht bei der einen Massage bleiben.

Kerstin B.: Von LOMI LOMI NUI hatte ich vorher noch nichts gehört und war natürlich sehr gespannt. Auslöser für meinen Wunsch nach einer Massage war meine völlige Abgespanntheit, das Gefühl, überfordert zu sein, bis hin zu einem Anflug von Depressionen.

Im Vorgespräch hat der Masseur mir etwas über den Ursprung der LOMI LOMI NUI-Massage erzählt und mir den Ablauf dieser Behandlung geschildert. Interessant fand ich, daß ich mich während der Massage auf einen Fokus konzentrieren sollte. Ich habe mir gewünscht, daß ich mein Leben künftig allein meistern kann. Diesen Wunschgedanken habe ich dann während der Massage soweit möglich im Kopf behalten.

Beeindruckend fand ich das gesungene hawaiianische Gebet vor der Massage. Es erinnerte mich stark an ein christliches Gebet.

Die Massage hatte eine angenehm belebende Wirkung auf meinen Körper. Neben dem Gefühl einer allgemeinen Niedergeschlagenheit hatte ich einen Muskelkater vom vorabendlichen Sport. Während und nach der Massage habe ich jedoch überhaupt keinen Schmerz mehr verspürt.

Bemerkt habe ich, daß ich während der Massage in den Beinen und Beingelenken steif und verkrampft war und mich nach der Massage in diesem Bereich wesentlich freier fühlte. War das der Hinweis auf einen neuen Weg, den ich beschreiten soll?

Meine Finger, vor allem die Zeigefinger, waren auch nicht beweglich genug. Das Massieren und leichte Ziehen an jedem einzelnen Finger gab mir ein Gefühl neuer Flexibilität. Vielleicht, um neue Dinge anzupacken.

In der Bauchgegend habe ich beim Massieren Verspannungen gespürt, die sich unter den kreisenden Bewegungen der Hände langsam auflösten. Ich habe in letzter Zeit einiges verdauen müssen.

Während der Massage bewegte sich viel in meinem Kopf. Trotz des Fokus glitt ich immer wieder in neue Gedankenmuster ab, die sich spontan bildeten und mich positiv stimmten. Auf einmal war alles nicht mehr so wichtig und schwer.

So leicht, wie die Hände und Arme des Masseurs über meinen Körper glitten, so leicht fühlte ich mich phasenweise während der Massage. Durch die liebevolle Zuwendung des Masseurs zu mir sind seine positive Einstellung und seine Gefühle auf mich übertragen worden.

Nach der Massage war ich von den neuen Erfahrungen zunächst wie benommen. Das symbolische gemeinsame Trinken des Mineralwassers und das Abschlußgespräch erzeugten in mir eine starke Verbundenheit mit dieser Art der Behandlung von Körper, Geist und Seele.

Auf jeden Fall werde ich die positiven Eindrücke in meinen Alltag mitnehmen. Bei Rückschlägen, die sicherlich einmal kommen werden, werde ich an die Behandlung zurückdenken und versuchen, das Aloha-Gefühl der Liebe und Harmonie erneut in mir wachzurufen.

Ich wünsche, daß noch viele Menschen in meiner Situation in den Genuß einer solchen Massage kommen. Dank an Hawaii und Aloha!

Bernd S.: Nachdem ich in den Vorruhestand gegangen war, wollte ich unbedingt etwas für Körper und Geist tun. Ich schloß mich daher einer Gruppe für Autogenes Training an und hatte viel Spaß daran.

Unsere Trainerin erzählte eines Tages beiläufig, daß sie auch sehr an hawaiianischer Entspannungstechnik interessiert sei und deshalb eine dort übliche Massageart erlernt habe. Sie nannte den Namen LOMI LOMI NUI und erwähnte, daß dies eine besondere, ganzheitliche Massage sei. Ich dachte sofort, daß dies eine Gelegenheit sei, noch mehr für meinen Körper zu tun, und vereinbarte einen Massagetermin.

Als ich den Massageraum betrat und meine Trainerin nun als hawaiianische Masseurin sah, war ich außerordentlich beeindruckt. Sie hatte sich exotisch geschmückt und den ganzen Raum mit Blumengirlanden verziert. Das alles und der wunderbare Duft erinnerte an Hawaii.

In einem Vorgespräch erläuterte die Masseurin den Ablauf der Massage und erklärte mir, daß hier neben dem

Körper auch sehr viel Gefühl angesprochen würde. Neugierig legte ich mich auf die Massageliege. Als Ziel hatte ich mir allgemeine Entspannung vorgenommen.

Da ich ständig Schwierigkeiten mit den Nasennebenhöhlen und im Brustbereich habe, war ich auf die Auswirkung der Massage an diesen Körperstellen besonders gespannt. Während der Behandlung des Gesichts zeigte sich prompt die Wirkung: Als Stirn, Augenhöhlen, Nase und Wangen massiert wurden, traten aus der Nase Sekrete aus. Die Masseurin brauchte vier Taschentücher, um die ganze Flüssigkeit aufnehmen zu können. Sie sagte mir im Abschlußgespräch, daß hier ein Reinigungsprozeß im Kopf stattgefunden habe und daß ich über mehr Toleranz mir selbst und anderen gegenüber nachdenken solle.

Erstaunt war ich, als ich beim sanften Streichen über die Innenseite der Arme eine Erweiterung des Brustkorbs und mehr Leichtigkeit in den Bronchien verspürte. War es nur deshalb, weil ich mir eine Verbesserung gewünscht hatte?

Gewundert habe ich mich auch über meine Gelenkigkeit in Armen und Beinen, besonders nach der zweiten Gelenkdrehung. Schließlich habe ich vierzig Jahre lang auf der Werft hart gearbeitet und hatte hier mehr Verschleiß erwartet.

Meine Außenmuskulatur an den Waden ist sehr hart. In diesem Bereich hat die Masseurin äußerst intensiv gearbeitet und eine Barriere für die Vorwärtsbewegung entdeckt. Sie riet mir anschließend, die Angst vor Veränderung und Wechsel durch ein starkes positives Gefühl zu ersetzen.

Im Bauch fühlte ich zunächst eine große Kälte. Die Masseurin behandelte diesen Bereich mit streichenden und vibrierenden Bewegungen, bis ich dort ein wohliges Gefühl hatte und voll entspannen konnte. Interessant fand ich, daß es das gleiche Gefühl war, das ich schon einmal bei einem Heiler aus England empfunden hatte. Die Masseurin meinte, daß ich sicher manches zu schwer nehme.

Bewußt nehme ich wahr, daß die LOMI LOMI NUI-Massage bei mir mindestens eine Woche lang nachwirkt. Ich bin jedoch sicher, daß mein Unterbewußtsein noch viel länger für mich weiterarbeitet. Ich werde auf jeden Fall regelmäßig weiter Massagen nehmen.

Jürgen B.: Meine Frau schenkte mir zum Geburtstag einen Gutschein: „Ein Geschenk nach deiner Wahl oder drei LOMI LOMI NUI-Massagen." Sie gab mir jedoch gleich den Rat, mir selbst etwas Gutes zu tun, und da seien die Massagen vielleicht das Richtige. Da meine Frau schon ein paar Massagen genossen hatte und ich die Masseurin bereits als Leiterin eines Meditationskreises kannte, war ich wenigstens nicht ganz ahnungslos.

Als gut, tu ich mal etwas Gutes für mich. „Du solltest dir dafür vielleicht einen Tag Urlaub nehmen", wurde mir auch noch geraten. Dafür Urlaub nehmen – auch das noch. Also gut, dann nehme ich das auch noch auf mich. „Ganzkörpermassage!?" Etwas seltsam war mir schon zumute, aber gespannt war ich dann doch.

Bei der Begrüßung stelle ich fest, daß sich die Masseurin in ein liebreizendes hawaiianisches Mädchen verwandelt hat. Sie trägt einen langen bunten Rock, ein Top und Blumen im Haar. Das macht alles noch geheimnisvoller und verstärkt meine gute Stimmung. Sie führt mich in den Massageraum. Er ist hell und freundlich ausgestattet – ein Meditationsraum sowohl für die Masseurin als auch für ihre Klienten. Nach dem wichtigen Gang zur Toilette bittet mich die Masseurin, mich ganz auszuziehen und mich auf den Bauch unter das weiße Laken auf den Massagetisch zu legen. Die Masseurin verläßt mich. Bei leiser Meditationsmusik ziehe ich mich aus und lege mich auf die Liege. Ich bin gespannt, aber fühle mich gut. Die Masseurin kommt wieder herein, schaltet hawaiianische Musik an und bittet mich, die Augen geschlossen zu halten. Sie betet und begleitet, halb singend, halb summend, die Musik.

Sie schlägt das Laken über der Schulter ein wenig auf, ölt ihre Hände und Arme ein und beginnt im Nacken-, Schulter- und Rückenbereich zu massieren – nicht nur mit den Händen, sondern auch mit den Unterarmen. Schon nach kurzer Zeit wird mir klar, daß dieser Massage etwas zugrunde liegt, das einer langen, intensiven Schulung bedarf. Ich komme immer mehr in die Entspannung und fühle mich zunehmend wohl. Würde ich nicht massiert, wäre ich wahrscheinlich schon nach kurzer Zeit entschlummert. Aber die Massage hält mich an der Grenze zum Schlaf in einem halbwachen Zustand. Der befähigt mich, gemäß den Anweisungen der Masseurin, meine Gedanken positiv auf die Menschen und die Ereignisse zu konzentrieren, die mich mit ihnen verbinden. Je länger die Massage dauert, desto intensiver wird der körperliche Genuß.

Irgendwann muß ich mich umdrehen, um in die Rükkenlage zu wechseln. Ich schließe wieder die Augen und lasse es mir wohl sein. Ich bedaure, daß diese intensive Zeit ein notwendiges Ende haben wird. Ich fühle mich angenommen, ich fühle mich geborgen, und ich kann mich zunehmend der Massage hingeben. Noch während ich massiert werde, wird mir klar, daß dies nicht nur eine besondere Behandlung für den Körper ist, sondern eine, die auch den Geist und die Seele einbezieht – was für eine wunderbare Erfahrung!

Nachdem sie die Massage beendet hat, deckt die Masseurin mich mit einer warmen Decke zu. Sie macht die Musik aus und verläßt den Raum. Jetzt darf ich die Aufmerksamkeit und die Liebe, die ich mit der Massage empfangen habe, in mir nachklingen lassen. Dabei schlafe ich ein. Etwas später klopft die Masseurin an die Tür. Nach einem abschließenden Gespräch stehe ich auf, ziehe mich an und steige die Treppe hinunter. Ich fühle mich leicht und in einer harmonischen Grundstimmung. Ich bin erotisiert. Mein Zustand ist durchaus vergleichbar mit dem eines Liebenden, der aus dem seligen Schlaf nach einem Liebeserlebnis erwacht und seiner Geliebten ohne Begehren in die Augen schaut.

Dankbar mache ich mit der Masseurin den nächsten Termin ab. Was mir erst teuer erschien, ist mir jetzt teuer geworden. Ich verabschiede mich und gehe langsam nach Hause. Es ist Frühling. Lächelnd erwartet mich meine Frau. Es gibt Tee. Termine stehen nicht an. Ich lasse den Tag in Ruhe und Harmonie ausklingen.

Hagen S.: Vor Beginn der Massage erzählte die Masseurin mir etwas über LOMI LOMI NUI. Dann lenkte sie das Gespräch auf mich und fragte nach den Beweggründen für meinen Besuch. Ich hatte das Gefühl, die Masseurin und ich sollten uns so aufeinander und auf die Massage einschwingen. Ich glaube, sie hat einen Augenblick meditiert, während ich mich im Bad umzog. Sie wirkte sehr klar und bei sich.

Sie bat mich, mir einen Fokus zu überlegen, zum Beispiel einen Satz, dessen Verwirklichung durch die Massage vorangetrieben würde. Mein Satz war: „Ich akzeptiere mich selbst vollständig, ich liebe mich!“

Die Masseurin hatte ein hawaiianisches Tuch um und während der Massage spielte hawaiianische Musik. Zusammen mit dem angenehmen Duft des Massageöls sorgte dies für eine warme, lebensfrohe Atmosphäre, in der ich mich leicht anvertrauen konnte. Vor der Massage wurde ein Gebet gesprochen, und das Massageöl wurde gesegnet.

Ich konnte mich während der Massage sehr gut fallen lassen und fühlte mich geborgen. Es war eine Ganzkörpermassage und ich genoß das Weiche, Fließende an ihr. Es ist sehr angenehm, mit den Unterarmen massiert zu werden. Am besten war für mich ein Moment, als die Masseurin an meinem Schulter- und Rückenbereich arbeitete. Sie griff mit beiden Armen unter meinen Rücken, hielt mich eine Zeitlang und sang zur Musik mit. Ich fühlte mich gehalten und geborgen wie ein Baby.

Nach der Massage fühlte ich mich ganz weich, ganz weit und elastisch – auch auf eine Weise wie ein Baby. Das hat mich sehr beeindruckt, denn ich hatte das weder vorher jemals so erlebt noch danach wieder in dieser Form. Ich danke für diese Massage. Es war wirklich ein besonderes Erlebnis.

Bärbel W.: Als ich von der LOMI LOMI NUI-Massage hörte, entschloß ich mich sofort, sie auszuprobieren. Zum einen, weil mich die Sanftheit dieser Massageart faszinierte, zum anderen, weil mich die Möglichkeit begeisterte, mich mit Hilfe dieser Massage von belastenden Energien zu befreien und gleichzeitig „mental zu reinigen“.

Ich erhielt insgesamt drei Massagen. Vor jeder Behandlung besprachen wir kurz die Thematik, die ich bearbeiten wollte, damit wir beide während der Massage den Fokus darauf halten konnten.

Gleich zu Beginn der ersten Massage begann ich heftig zu weinen. Da es mir bis dahin immer sehr schwer gefallen war zu weinen, war ich sehr dankbar für das Lösen dieser Blockade. Fast eineinhalb Stunden weinte ich in allen Variationen vom leichten Schluchzen bis hin zum Brechreiz, je nachdem, wo gerade massiert wurde. Erst in der letzten halben Stunde, als ich auf dem Rücken lag, beruhigte ich mich langsam und erfuhr eine wunderbar tiefe Entspannung und Harmonie. Später erkannte ich mich im Spiegel kaum wieder. Meine Gesichtszüge waren vollkommen weich und entspannt.

Bei der nächsten Massage habe ich zwar auch noch viel geweint, aber nicht mehr so heftig wie beim ersten Mal. In der Rückenlage kam wieder diese tiefe Entspannung. Gleichzeitig stellte ich fest, daß sich mein Mund in eine ganz merkwürdige Stellung verzog und meine Lippen sich auf sonderbare Art bewegten. Dabei mußte ich immer wieder glucksend lachen. Nach der Behandlung erfuhr ich, daß meine Mundstellung und die Lippenbewegungen denen eines Babies entsprochen hatten. Auch diesmal befand ich mich hinterher in absoluter innerer Harmonie und Ruhe.

Bei der dritten Behandlung kam ich sehr schnell in eine tiefe und angenehme Entspannung, die nur noch ab und zu von erlösendem Weinen begleitet wurde. Diesmal konnte ich vollkommen loslassen. War ich zum Beispiel bei den vorangegangenen Massagen bei der Behandlung der Arme ganz automatisch aktiv mit in die Kreisbewegung gegangen, konnte ich dieses Kreisen jetzt einfach geschehen lassen und fühlen, wie die Arme sich ohne mein Zutun bewegten.

Schon während ich mich auf den Rücken drehte, spürte ich, wie sich meine Lippen wieder zu diesem Babymund verzogen. Dann erlebte ich ein Wechselbad der Gefühle. Auf glucksendes Babylachen und Jauchzen folgte Weinen und Babygreinen, das wieder von Lachen abgelöst wurde. Nach einer Weile begannen wir, uns in der Sprache von Kleinkindern über meine Gefühle zu unterhalten. Ich konnte ausdrücken, was mich ängstigte, was mir Schwierigkeiten bereitete und was gut für mich wäre. In diese neue Vorstellung fühlte ich mich ganz tief ein und blieb bis zum Ende der Massage dabei.

Anschließend fühlte ich mich wieder sehr ruhig, entspannt und in Einklang mit mir selbst. Ich spürte ganz deutlich, daß sich etwas verändert, daß ich ein Stück Belastung aus meiner Kindheit erlöst hatte. Wenn ich heute daran zurückdenke, sind die früher damit verbundenen Schrecken verschwunden. Die Situation hat sich einfach verändert und was ich jetzt dabei empfinde, sind die Gefühle, die ich gegen Ende meiner dritten LOMI LOMI NUI-Massage hatte.

Ich bin sehr dankbar, daß ich diese wunderbare Massage kennenlernen durfte, und werde ihr bestimmt treu bleiben. Sehr wichtig ist für mich, daß die Masseurin oder der Masseur mit den hawaiianischen Gebräuchen vertraut ist. Großen Wert lege ich dabei auf die Huna-Philosophie, die mir bereits viele Einsichten vermittelt hat.

Peter W.: Als ich von einer hawaiianischen Ganzkörpermassage hörte, bei der man seine Kleidung anbehalten darf, wurde ich neugierig. Als ich dann auch noch erfuhr, daß man diese Massage nicht nur im Liegen, sondern auch im Sitzen oder Stehen erhalten kann, zögerte ich nicht länger. Diese flexible Art der Körperarbeit mußte ich unbedingt kennenlenen.

Von meinem Masseur erfuhr ich, daß diese Massage KAHI LOA heißt und daß dabei mit den Elementen gearbeitet wird. Dies machte die Sache für mich noch spannender. Der Masseur riet mir jedoch, die Massage im Liegen zu empfangen, weil ich mich dann richtig entspannen und besser auf die Behandlung konzentrieren könne. Sitzen und stehen sollte man bei der Massage nur, wenn es keine andere Möglichkeit gibt.

Interessant fand ich, daß ich mich mit meiner eigenen Vorstellungskraft an der Massage beteiligen mußte. In Verbindung mit den Berührungen des Masseurs konnte ich dann auch erstaunliche Wirkungen feststellen. Als das Element Feuer auf meinem Körper dargestellt wurde, hatte ich zum Beispiel das Gefühl, als ob alte, überflüssige Dinge in mir verbrannten. Während der Fluß des Wassers auf meinem Körper – und in der Vorstellung auch durch ihn hindurch – angedeutet wurde, spürte ich, wie alles Unreine aufgelöst und weggespült wurde. Das leichte Fächeln des Windes über meinem Körper gab mir ein Gefühl der Freiheit und Weite. Und nach jeder Sequenz fragte mich der Masseur, ob sich in meinem Körper etwas verändert habe, und ob ich an bestimmtem Stellen eine intensivere Behandlung wünsche. Davon habe ich reichlich Gebrauch gemacht.

Die bloße Berührung einzelner Punkte meines Körpers mit der Hand hat dort viel Kraft einfließen lassen. Sehr schön fand ich, daß ich mir bei den Elementen Pflanze und Tier gedanklich eigene Exemplare aussuchen konnte. Meine hawaiianische Lieblingsblume Hibiskus hat mir beim Ausstreichen meiner Verspannungen geholfen und mein Lieblingstier, der Tiger, hat mir durch sein wohliges Dehnen und Strecken angenehme Ruhe geschenkt. Als ich mir während der Berührung durch den Masseur vorstellte, daß mich ein Mensch anfaßt, der mir sehr nahe steht, kamen starke Emotionen mit Tränen in mir hoch.

Im Abschlußgespräch sagte mir der Masseur, daß ich einzelne Teile dieser Massage auch bei mir selbst durchführen könne. Das werde ich sicherlich einmal versuchen, allerdings nur im Notfall. Die liebevolle Zuwendung des Masseurs und die einfühlsame Körperarbeit, bei der sehr viel Energie fließt, kann durch nichts ersetzt werden. Ich werde mir eine KAHI LOA-Massage immer dann geben lassen, wenn ich mich vom alltäglichen Streß kraftlos und ausgelaugt fühle.

LITERATUR UND ADRESSEN

King, Serge Kahili: *Begegnung mit dem verborgenen Ich*, Aurum Verlag, Braunschweig 1991
King, Serge Kahili: *Ihr Körper glaubt, was Sie ihm sagen*, Aurum Verlag, Braunschweig 1992
King, Serge Kahili: *Der Stadtschamane*, Verlag Alf Lüchow, Freiburg 1993
Krotoschin, Henry: *Huna-Praxis. Bewußte Lenkung des Schicksals* , Verlag Hermann Bauer, Freiburg 1990
Long, Max Freedom: *Geheimes Wissen hinter Wundern*, Verlag Hermann Bauer, Freiburg 1996, 7. Auflage

LOMI LOMI NUI-Ausbildung
Susan Pa'iniu Floyd, Hawaii, c/o Aloha International
P.O.Box 665, Kilauea, HI 96754 USA
Tel./Fax USA 808-828-0302

Stellvertretend für andere Ausbilder in Deutschland und Kontaktadresse
Edith Siebarth, Freiherr vom Stein-Str. 13
13467 Berlin
Tel./Fax (030) 404 49 83

Lieferung von Artikeln aus Hawaii,
z. B. Musik, Videos, Öle, Kleidung, Poster, Kalender, Karten usw.
ALOHA-Shop
Dietrich Kempski, Ottostr. 11, 30827 Garbsen
Tel. (05131) 6024, Fax (05131) 6010